하루 10분,
하루 한 뼘

인생이 바뀌는 놀라운 마법

하루 10분, 하루 한 뼘

지은이 | 금주은
펴낸곳 | 북포스
펴낸이 | 방현철

편집자 | 공순례
디자인 | 엔드디자인

1판 1쇄 찍은날 | 2015년 06월 03일
1판 1쇄 펴낸날 | 2015년 06월 10일

출판등록 | 2004년 02월 03일 제313-00026호
주소 | 서울시 영등포구 양평동5가 18 우림라이온스밸리 B동 512호
전화 | (02)337-9888
팩스 | (02)337-6665
전자우편 | bhcbang@hanmail.net

이 도서의 국립중앙도서관 출판시도서목록(CIP)은 e-CIP 홈페이지(http://www.nl.go.kr/ecip)와
국가자료공동목록시스템(http://www.nl.go.kr/kolisnet)에서 이용하실 수 있습니다.
(CIP제어번호: 2015014418)

ISBN 978-89-91120-89-1 03190
값 14,000원

인생이 바뀌는 놀라운 마법

하루 10분,

하루 한 뼘

| 금주은 지음 |

북포스

그래,
내겐 오랜 친구가 있었지

몽테스키외는 한 시간의 독서로 누그러지지 않는 걱정은 결코 없다고 했다. 이 말에 나는 깊이 공감한다. 내가 다시 책으로 돌아올 수 있었던 이유가 바로 갖가지 걱정과 미래에 대한 불안, 그리고 스트레스였기 때문이다.

20대에 나는 책을 거의 읽지 않는 청춘이었다. 그 가장 귀한 시간에 책을 멀리했던 것을 지금도 가끔 후회한다. 누군가는 이 시기에 읽은 많은 책을 바탕으로 사회에 진출해서 남다른 열정과 능력을 발휘하는가 하면, 일찍이 저자의 길로 들어서서 자신만의 글 세계를 확립한 사람도 있다. 그에 비하면 나는 서른에 겨우 책을 읽기 시작해서 이제야 내가 좋아하는 일을 찾았으니 최대 10년쯤 늦은 출발이라고 볼 수 있다. 특히 20대 중후반에 들어서서는 1년에 한 권도 읽지 않은 때도 있었다. 어떻게 그렇게 책과 담쌓고 살아올 수 있었는지, 지금은 잘 이해되지 않는다. 책으로 사방이 둘러싸인 넓은 서재를 갖는 것이 지금 나의 버킷리스트 중 하나이니 말이다.

하지만 그때는 눈앞의 것이 중요했다. 중국에서 열심히 공부해 나름대로 좋은 성적을 거뒀기에 귀국할 때까지만 해도 자신감이 넘쳤다. 그러나 잇따른 취업 실패를 겪으며 점차 자신감을 잃었고 절망에 빠져 최악을 상상했다. 나는 외부의 누군가만이 나를 도와줄 수 있다고 생각했다. 20대 후반에 늦게 첫 남자 친구를 사귀게 된 것도 누군가에게 의존하고 싶다는 마음 때문이었다. 하지만 자신감이 없는 사람은 무엇을 해도 잘 할 수가 없다. 연애도 평탄하지 않았고, 취업은 더 평탄하지 않아서 이 회사 저 회사를 메뚜기 뛰듯이 전전했다. 전공 따라 무역회사에 취직했지만 딱히 사무실이 없는 회사여서 내 고정된 자리가 없었고, 또 다른 무역회사는 입사한 지 1년도 안 돼서 경영난에 처해 결국 그곳을 그만둘 수밖에 없었다. 그다음에는 핸드폰 상담사로 일하기도 했고, 보험설계사 일을 하기도 했다. 그러다가 스물아홉 살이 다 지나갈 무렵에 한 에듀테인먼트사에 잠시 몸담게 되었는데, 내가 맡은 업무가 책과 관련되어 있었고 사내에 책이 많아서 다시 책과 만날 수 있었다. 덕분에 20대 때 놓고 지냈던 책에 대한 관심이 되살아났다.

서른이 끝나갈 때쯤 해서는 현재의 작은 외국계 회사에 취직했다. 취직한 것은 기쁜 일이었지만, '을'의 입장에서 일해야 한다는 것이 내 성격과는 그다지 맞지 않았다. 항상 스트레스가 이만저만이 아니었고, 어떻게 풀어야 할지도 몰랐다. 그날도 회사를 그만둬야 하나 말아야 하나 고민하느라 종로 바닥을 계속 걸어 다니다가 교보문고에 들어가게 되었다. 어렸을 때 역사를 무척 좋아했던 터라 발걸음이 저절로 역사책 코너로 향했고, 무심코 책 한 권을 꺼내 선 채 읽기 시작했다. 그리고 한참 후에 내가 아무런 잡념 없이 책에 빠져 있었다는 사실을 깨달았다. 참으로 오랜만에 갈등과 고민 없이 행복에 잠긴 시간이었다.

책은 그렇게 내게 다시 돌아왔다. 아니, 내가 그렇게 책으로 다시 돌아갔다. '쉼'을 얻기 위해서 말이다. 역사책은 읽으면 읽을수록 내게 대리만족을 느끼게 해주었다. 학창 시절에 이유 없이 나를 싫어하던 친구들 때문에 마음의 상처가 깊었고 10여 년이 지난 그때까지도 가끔 아리곤 했는데, 내 상상 속에서 위인들이 나 대신 그 아이들에게 호통치는 것만 같았다. 책이 뜻밖에도 지식이 아니라 휴식을 준다는 점에 만족한 나는 서서히 소설과 시도 읽기 시작했다. 그러면서 조금씩 거래처 사람들을 이해하고 싶어졌다. 그전까지는 내 위주의 생각밖에 하지 못했다. 내가 옳고, 다른 사람들이나 이 사회가 틀렸고 부조리하며 무언가 비틀렸다는 생각을 버릴 수가 없었다. 하지만 사실 세상에는 많은 사람이 살고 있고 각자에겐 저마다 어울리는 방식이 있으며, 이는 이해하고 말고의 문제가 아님을 알게 됐다. 책이 내게 타인을 이해하는 '앎'의 폭을 넓혀준 것이다.

책을 통해 알게 된 또 하나의 사실은 내게 꿈이 없다는 것이었다. 마음이 항상 공허하고 수시로 우울감에 휩싸이는 이유도 집중할 무언가가 없기 때문임을 자각하게 되었다. 나는 자기계발서들은 별로 좋아하지 않았다. 하지만 영화 〈버킷리스트〉를 보고 나서는 버킷리스트류의 책을 자주 읽었는데, 그 영향으로 점점 자기계발서도 손에 쥐기 시작했다. 그러는 과정에서 책 쓰기라는 꿈과 만날 수 있었고, 그 꿈을 현실로 만들기 위해 행동에 나설 용기도 얻게 되었다. 책이 내게 꿈을 찾아주고 그것을 실행할 수 있게 해준 것이다.

나는 독서에도 임계점이 있다고 생각한다. 바로, 운명의 책을 만났을 때다. 어떤 책으로 사고와 행동이 조금이라도 변화했다면 그 책이 바로 자신에게 운명의 책이다. 이 책에 담은 내용이 바로 그것, 내가 만난 운명의 책 이야기다. 나는 그 책들을 통해 나의 잘못을 깨달았고 조금 더 성숙해졌다고 생각한다. 운명의 책들과 함께하면서 즐겁고 슬펐던, 한편으로는 반성했던 시간을 오롯이 이 책에 담았다. 지금 나에게 가장 큰 바람은 책이 당신에게도 쉼과 앎 그리고 꿈을 선사해주는 마법을 부렸으면 하는 것이다.

이 책이 나올 수 있도록 도와주신 김태광 총수님, 권동희 회장님, 은평교회 정순기 목사님과 김지영 사모님, 김은숙 집사님께 감사드린다. 책에 대한 남다른 철학의 소유자이신 북포스의 방현철 대표님께도 깊은 감사의 말씀을 드린다. 끝으로, 세상에서 가장 사랑하는 엄마와 누나 걱정 많은 동생 민조 그리고 투병 중인 이모부께도 사랑한다는 말을 꼭 전하고 싶다.

2015년 봄
금주은

차 례

2장 서른엔 뭐라도
돼 있을 줄 알았어

3장 내 안의 나를 만나는 시간

4장 하루 10분, 삶을 바꾸다

5장 내 손끝에서 시작되는 마법

1장

나는
아직도
사춘기다

나는 아직,
어른이 되려면 멀었다

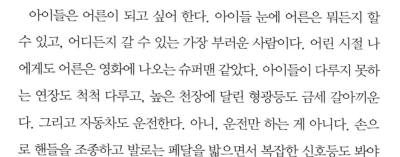

아이들은 어른이 되고 싶어 한다. 아이들 눈에 어른은 뭐든지 할 수 있고, 어디든지 갈 수 있는 가장 부러운 사람이다. 어린 시절 나에게도 어른은 영화에 나오는 슈퍼맨 같았다. 아이들이 다루지 못하는 연장도 척척 다루고, 높은 천장에 달린 형광등도 금세 갈아끼운다. 그리고 자동차도 운전한다. 아니, 운전만 하는 게 아니다. 손으로 핸들을 조종하고 발로는 페달을 밟으면서 복잡한 신호등도 봐야 하는데, 도대체 어떻게 그걸 다 할 수 있는지 신기하기만 했다.

초등학교 6학년, 같은 동네에 살던 친구 J도 빨리 어른이 되고 싶어 하는 꿈 많은 아이였다. 빨리 Y대에 가고 싶다고 했다. 농구선수 우지원이 Y대에 재학 중이었기 때문이다. 나는 속으로 '네가 입학할 때쯤에도 그 사람이 있겠냐? 쯧쯧쯧' 하고 혀를 찼다. 이유는 저마다 달랐지만, 대부분 친구가 어서 어른이 되길 고대했다. 어른들은 자기가 번 돈으로 맛있는 것도 사 먹고, 자녀들에게 용돈을 주니 마니 위협(?)도 할 수 있는 절대적인 존재다. 게다가 종일 놀 수도 있고, 무엇보다 공부를 하지 않아도 되는 특권의 소유자들 아닌가.

하지만 나는 좀 달랐다. 어른의 세계가 어떤지 정확히 아는 것도 아니면서 어른이 되길 싫어했다.

"왜 어른이 되기 싫은데?"

"어른이 되면 다 네가 알아서 해야 하는 거야."

내 말에 J는 고개를 갸우뚱했다. 나는 속으로 '그래, 네가 뭘 알겠니?'라고 생각했다. 그 애를 무시해서라기보다 내가 약간 조숙했던 것이다. 내 말은 바로 '책임'에 관한 것이었다.

몇 해 전 일이다. 전에 다녔던 회사 선배가 자기와 같은 나이의 백수생활을 하고 있는 사람에 대해 얘기해준 적이 있다. 백수로 지낸다는 그분은 서울에 있는 유명한 K대를 졸업했다. 그의 어머니는 시장에서 물건을 파시느라 고생이 이만저만이 아니었다. 그런데 그 백수는 서른다섯 살이 넘어가도록 아무것도 하지 않고 있었다. 선배는 자기보다 똑똑하고, 자타공인 명문대 졸업생이 집에서 놀고 먹으면서 어머니 고생만 시킨다며 입에 게거품을 물고 욕을 했다. 그가 그런 유명 대학에 합격했을 때, 그의 어머니는 시장에서 일해온 평생을 보상받았다고 생각하고 누구보다 기뻐하셨을 것이다. 그런데 졸업 후 아들이 허구한 날 방구석에서 뒹구는 모습을 보고는 어떤 생각이 들었을까. 그 광경을 상상하니 내 마음까지 쓰라렸다.

나와 비슷한 세대, 즉 1980년대 전후에 출생한 사람들은 어느 세대보다 풍족한 생활을 누리며 자랐다고 볼 수 있다. 할아버지 세대는 전쟁을 겪었기에 고통이 가장 심했을 것이고, 그다음 세대인 우리 부모님 세대도 여유롭게 살지는 못했다. 오히려 여러 형제 틈바구니에서 먹을 것 맘껏 못 먹고, 입을 것은 서로 물려받으며 아끼고 또 아끼며 살았다. 우리 아버지와 어머니만 해도 가정형편이 넉넉하지 못한 탓에 대학 문턱을 밟아보지도 못하셨다. 당신들 못 누린 풍족함을 누리게 해주려고, 그다음 세대인 우리에게 뭐 하나 부족한 것 없이 키우려고 노력한 세대가 바로 이분들이다. 특히 IMF의 피해를 고스란히 경험하거나 목격한 우리 부모님 세대는 자식들은 이러한 어려움이 닥쳐도 잘 살기를 바라는 마음에 전폭적인 지원을 하셨다.

그런데 과분한 사랑을 받기만 해서일까? 자식들은 부모님 세대의 사랑과 희생을 당연하게 받아들이게 됐을 뿐만 아니라 나약해진 심성으로 조그마한 위기에도 크게 흔들리는 사람들로 성장했다. 작은 일에도 자주 흔들리는 이들은 책임을 감당할 능력이 부족하다. 이런 사람들은 조그만 일에도 주변 탓, 부모 탓, 조상 탓, 세상 탓을 한다.

한 지인은 이가 썩어 치과 치료를 받는데, 그것이 자기 엄마 탓이라고 말하곤 했다. 유전적으로 자기네 집안의 치아가 다른 집안보다

하루 10분, 하루 한 뼘

약하다는 것이다. 자기는 할아버지를 닮아서 치아가 쉽게 썩는 편이 므로 엄마가 어렸을 때부터 관리를 해줘야 했다는 게 그의 논리다. 나는 그의 어머니께서 그가 어렸을 때 이를 닦아주지 않았거나, 커 가는 동안 이 닦으라는 잔소리를 안 했다고 생각하지 않는다. 그런 데 그의 말인즉, 중학교 때 엄마가 자기에게 단 한 번도 이 닦으라는 소리를 하지 않아서 그것이 습관이 됐다고 했다. 더더군다나 하필이 면 앞니가 썩어서 이에 많은 돈을 들였다고 억울해했다.

유전적으로 치아가 약하다고 말했을 때는 나도 동의해주려고 했 다. 우리 집안도 이가 잘 썩는 편이라 나 역시 관리에 신경을 쓰고 있기 때문이다. 그런데 중학생일 때 엄마에게 이 닦으란 잔소리를 듣지 못해서 어른이 된 후에도 이를 닦지 않게 됐다는 것은 아무리 생각해도 그의 엄마가 억울할 일이다. 열다섯 살이 넘은 아들에게 까지 매번 이 닦으라는 잔소리를 해야 한단 말인가. 그가 아직 철이 덜 들었다는 생각에 실소가 터져 나오려고 했지만 꾹 참았다.

지인만 한심하게 생각할 일이 아니었다. 돌이켜보니 나도 온통 '집안 탓'만 하던 시절이 있었다. 취직을 위해 여기저기 이력서를 넣을 때였다. 막 한국에 돌아와서 의욕적으로 이력서를 넣던 때인 데 일부 회사의 이력서에는 '주거 상황, 동거 가족 여부' 체크란이 있었다. 동거 가족 여부까지는 그렇다 치더라도, 남의 집 주거 상 황을 회사에서 왜 파악하고 있어야 하는지 도저히 이해할 수가 없 었다. 그 회사에 전화해서 물어보았더니 단순히 참고 사항일 뿐

당락과는 상관이 없다고 했다. 그래도 기재하라는 난을 마련해둔 건 뭔가 이유가 있으리라 여기고 정직하게 기재해서 이력서를 보냈다.

그런데 취업대란에 이력서도 통과하지 못하는 날들이 이어지자 혹시 주거 상황과 동거 가족 여부 때문에 내 이력서가 탈락된 것은 아닌지 불안해졌다. 불안이 점점 커져 급기야는 바로 그것이 이유라고 단정하고 집안 탓을 하게 됐다. 전세가 아니라 내 집이어야 했고, 동거 가족에 부모가 다 체크되어야 하는데 어머니만 체크했기 때문이라고. 그때부터 그것은 하나의 습관이 되어 일이 잘 풀리지 않을 때마다 탓을 하게 됐다. 지금 생각하면 참 어이없는 일인데, 아무튼 그땐 그랬다.

남을 탓하는 사람에게 맹자는 이렇게 가르침을 주고 있다.

하다가 안 되는 게 있거든 모두 돌이켜 자기에게서 구할 것이니,
그 몸이 바르면 천하가 돌아온다.
사람을 사랑하는데도 친해지지 않으면
자신의 어진 태도에 문제가 없는지 돌이켜보고,
사람을 다스리는데도 다스려지지 않으면
자신의 지혜로움에 대해 반성할 것이며,
사람을 예로써 대하는데도 응답이 없으면
자신의 고결함이 부족하지 않은가 돌이켜보아야 한다.

이력서가 통과되지 못한 것을 집안 탓으로 돌리는 나와 썩어가는 치아가 자기 엄마 책임이라고 하는 우리 두 사람은 유교에서 그토록 강조하는 군자는 될 수도 없을뿐더러 어른이라 불리기에도 부끄러운 이들이다.

한 살, 두 살 나이를 먹었다고 해서 어른이 되었다고 할 수 있을까? 돌이켜보면, 학생일 때에도 성적의 좋고 나쁨은 나 개인의 책임 아니었던가. 남 탓, 환경 탓, 스펙 탓을 하며 자기 책임을 쏙 빼놓는다면 그건 어른이라 할 수 없다. 잘되는 일이든 그렇지 않은 일이든 상관없이 항상 책임질 자세가 되어 있어야 한다. 탓하기 좋아하는 사람치고 책임감이 강한 사람은 없다. 책임을 진다는 것은 스스로 바로 서기 위해 노력하겠다는 결심이다. 이 결심이야말로 세상을 향해 당당하게 가슴을 활짝 펴고 걸어나가겠다고 선포하는 행위이기도 하다. 그래서 책임을 지는 사람은 그냥 어른이 아니라 '멋진 어른'이 될 수 있다. 오늘 나는 책임감 있는 어른으로 살아온 날이 얼마나 되는지를 손꼽아보고 있다.

내가 만들어가는
드라마, 인생

 누구나 마음속에 저마다의 사연을 품고, 아픔과 슬픔을 겪으며 살아가고 있다. 장미꽃 한 송이를 손에 쥐려고 해도 가시에 찔리는 아픔을 감수해야 하는데, 하물며 살아가는 일이야. 삶은 더한 고통과 역경을 견디는 과정이다. 그래서 사람이란 슬픈 존재인 건지도 모를 일이다. 그 아픔이 현재의 성격이나 가치관 등 삶의 전반적인 부분에 커다란 영향을 미친다. 특히 힘들었던 과거의 기억이나 사건들이 머릿속과 마음에 각인되어 한 발자국도 떼지 못하는 사람들이 많다.

 "그때 그 일만 없었더라면….."

 "그때 그 사람만 만나지 않았더라면….."

 "그때 내가 그렇게 선택하지만 않았더라면….."

20

힘든 기억 속에서 현재를 살아가는 사람들이 가장 많이 하는 말이 바로 이 세 가지다. 그들은 지금 와서 과거로 되돌아갈 수 없다는 것을 잘 알고 있다. 그러나 자신도 모르게 이런 말들을 되뇌며 '오늘'을 산다. 그 아픔이 깊으면 깊을수록 후회와 한을 짊어진 나약한 존재가 되기도 한다. 이는 나이와는 상관없다. 어린아이들도 자신이 겪은 일이나 떨쳐버리지 못한 기억들 때문에 현재를 힘들게 보내기도 한다. 모든 것을 겪어낸 것 같은 어른들도 마찬가지다. 아픔을 제대로 끌어안지 못한 채 자신을 원망하거나 세상을 향해 분노를 뿜는 사람들이 많다. 그들이 쓴 시나리오에서는 자신이 아니라 '아픔' 혹은 '과거'가 주인공이다. 이러한 것들에 주인공 자리를 내어준 사람들은 알 수 없는 두통과 소화불량 등 신체적으로도 이상이 나타나기도 한다. 과거가 현재가 된 것이다.

영화 〈라이온 킹〉에 이런 대사가 있다 "과거는 상관없어. 아프긴 하겠지. 하지만 둘 중 하나야. 도망치든가, 극복하든가."

아픔이나 과거는 도망치려 하면 할수록 더 큰 모습으로 몸집을 불려 다가온다. 그러고는 꿈을 향한 발걸음을 꽉 붙잡고 놓아주지 않는다. 아예 쳐다볼 수 없게까지 한다. 이를 극복하기란 여간 힘든 일이 아니다. 하지만 극복하기를 선택해야 우리가 아픔을 흘려보내고, 싫은 기억이나 아픔들이 현재로 이어지는 끈을 잘라버릴 수가 있다. 그리고 현재를 행복하게 살게 하는 초석을 다시금 마련할 수 있다.

과거나 아픔에 머물러 있는 사람에게서 우리는 그것이 여전히 현재진행형이 되고 있음을 느낄 때가 있다. 이야기를 하다 보면 매번 아픔이 묻어난다거나 자신감이 없는 태도로 일관하는 것이 그저 성격상의 문제가 아님을 직감적으로 알게 된다. 예전에는 나도 그저 그 사람의 성격이거니 하고 생각했지만, 많은 사람을 만나다 보니 과거의 아픔이 현재화된 상태임을 포착할 수 있었다.

그 사람이 가진 아픔이 무엇인가와 관계없이, 지금 '버리기'를 선택하지 않는 한 그것이 다가올 그 사람의 미래가 될 수 있음을 이제는 어렵지 않게 예상할 수 있다. 그러니 항상 그 반대의 선택으로 전혀 다른 자신을 발견할 수 있도록 가능성을 열어두어야 한다.

윈스턴 처칠은 전 영국 총리이자 노벨문학상을 받은 작가이기도 하다. 그는 이 시대의 가장 위대한 연설가로 손꼽힐 뿐 아니라 지금까지도 '가장 위대한 영국인'으로 불리고 있다. 그러나 그의 어린 시절은 불행 자체였다. 어린 처칠은 혀가 짧았으며, 몇몇 단어는 발음하지 못했고 말까지 심하게 더듬었다. 그뿐 아니라 학업 성적도 좋지 않아 거의 꼴찌였다. 사람들은 그를 열등아, 저능아로 불렀다. 이런 그를 보며 그의 아버지는 처칠을 가문의 수치로 여겼는데, 이는 어린 처칠에게 큰 상처가 됐다.

하지만 그는 군에 입대한 뒤 체력 훈련으로 허약한 몸을 강하게 만들었고, 꼴찌였던 성적은 매일 다섯 시간이 넘는 독서를 통해 다양한 지식을 쌓으며 극복했다. 부정확한 발음도 끊임없는 웅변 훈련으로 극복해냈다. 만약 그가 아버지가 준 상처를 계속 마음속에

하루 10분, 하루 한 뼘

담아두고 자기 인생의 주인공으로서 다시 연기를 펼치지 않았다면 어떻게 됐을까? 아마도 자신은 아무것도 하지 못하는 아이라는 생각을 품고 자란 어른이 되어서 아버지의 걱정처럼 집안의 수치로 남았을 것이다. 그에게 아무리 거창한 꿈과 목표가 있었다 할지라도 어떤 것도 이룰 수 없었을 것이다.

세계를 제패했던 최고의 전략가 칭기즈 칸 역시 온갖 시련과 불가능을 딛고 굉장한 인생 시나리오를 쓴 사람이다. 그는 말했다.

집안이 나쁘다고 탓하지 말라.

나는 아홉 살 때 아버지를 잃고 마을에서 쫓겨났다.

가난하다고 말하지 말라.

나는 들쥐를 잡아먹으며 연명했고, 목숨을 건 전쟁이 내 직업이고 내 일이었다.

작은 나라에서 태어났다고 말하지 말라.

그림자 말고는 친구도 없고 병사로만 10만, 백성은 어린애, 노인까지 합쳐 200만도 되지 않았다.

배운 게 없다고 힘이 없다고 탓하지 말라.

나는 내 이름도 쓸 줄 몰랐으나 남의 말에 귀 기울이면서 현명해지는 법을 배웠다.

너무 막막하다고, 그래서 포기해야겠다고 말하지 말라.

나는 목에 칼을 쓰고도 탈출했고, 뺨에 화살을 맞고 죽었다 살아나기도 했다.

적은 밖에 있는 것이 아니라 내 안에 있었다.

나는 내게 거추장스러운 것은 깡그리 쓸어버렸다.

나를 극복하는 그 순간 나는 칭기즈 칸이 됐다.

사람은 누구나 과거의 어느 한 시점에서는 큰 아픔에 힘들어했던 기억들이 있다. 그 아픔이 때로는 너무 커서 감당하기가 힘들고, 그 때문에 인생 전체가 망가진다고 느낄 때도 있다. 살아오면서 받은 상처를 치유하기 위해 모두 드러내느냐 그렇지 않느냐는 순전히 개인의 선택이지만, 그 아픔을 극복할 수 있느냐 없느냐는 반드시 스스로 풀어내야 할 숙제다. 그 숙제를 풀어야만 자신의 아팠던 과거를 벗어던지고 현재를 살 수 있게 되기 때문이다. 그리고 그에 맞춰서 새롭게 다짐하고 준비하는 미래도 함께 열리게 된다. 이 숙제를 풀어내지 못한 사람은 아픔과 시련 속에서 기약 없이 머물게 되어 과거를 사는 것인지, 현재를 사는 것인지 본인조차 알 수 없게 된다.

과거라는 깊은 늪에 빠져 허우적거리고 싶어 하는 사람은 없다. 나쁜 쪽으로 생각하면 계속 나쁜 것을 끌어당기게 된다. 인생이란 스스로 만들어가는 드라마라고 흔히 말한다. 누가 뭐래도 우리 각자는 자신의 인생을 써나가는 극작가인 셈이다. 내 인생의 시나리오는 내가 쓰는 대로 바뀔 수 있다는 뜻이다. 그리고 이 시나리오를 바탕으로 연기를 펼칠 주인공 역시 나다. 그러니 나라는 주인공을 움직일 시나리오를 당장 내 손으로 조금 바꿔보자. 내가 겪어온 과거의 아픔과 좌절의 뒷줄에 그것을 극복한 이야기를 덧붙여보자. 그리고 그 각본대로 연기하기로 마음먹자. 지금부터는 '나'를 아픔을 모두 극복한 용감무쌍한 주인공으로 만들어주자.

과거가 아니라
오늘을 살자

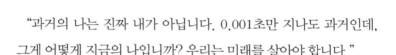

"과거의 나는 진짜 내가 아닙니다. 0.001초만 지나도 과거인데, 그게 어떻게 지금의 나입니까? 우리는 미래를 살아야 합니다."

나는 동기부여가 되는 강연을 자주 들었는데, 한 워크숍에서 어떤 강연가에게 이 말을 듣고 어안이 벙벙해졌다. 그의 말을 듣고 있는 그 순간을 당연히 현재라고 느끼고 있는데, 그 순간 역시 과거라니 말이다.

'현재'와 '지금'을 강조하는 명언 중에서 가장 흔히 접하는 것이 '카르페 디엠'이다. 이는 '지금 살고 있는 현재에 충실하라'는 라틴어 명언이다. 문학가 단테도 "오늘이라는 것은 두 번 다시 오지 않는다. 이것을 잊지 말아야 한다"라고 현재의 중요성에 대해 깨우침을 주고 있다.

강연을 듣는 동안 나는 현재와 지금에 충실하라는 명언들 뒤엔 또 다른 의미가 숨어 있으리라는 생각을 하게 됐다. '현재에 충실하라'는 문장의 의미가 단지 이렇게 끝난다면 조금 이상한 부분이 있다. 대부분 사람이 열심히 일하고 공부하는데 왜 이렇게 불만족스러운 삶을 살고 있을까? 그렇다면 혹시 '카르페 디엠' 뒤에 숨은 다른 뜻이 있는 것은 아닐까? 단테는 '오늘'을 강조했지만, 그의 말에도 역시 숨은 뜻이 있는 것은 아닐까?

주변만 봐도 열심히 사는 사람들은 가끔 이런 고민을 한다. '학창 시절에 말썽 안 피우고 공부에 충실하려 노력했고, 취업 준비생일 때에도 마찬가지였다. 회사에서도 그날의 업무는 다 마치고 퇴근한다. 직장에 충실하고 영어도 공부하며 샐러던트로 최선을 다해 살고 있다. 이 정도면 현실에 충실했다고 생각하는데, 왜 내 인생은 바뀌지 않는 걸까?'

그날 그의 강연은 내게 인생은 '열심히'만 가지고는 결코 가고자 하는 방향으로 갈 수 없다는 것을 깨닫게 해주었다. 그 강연가는 내게 이렇게 외치는 것 같았다.

"인생에서 '열심'은 당연한 것이고, 내 삶의 목표와 꿈을 어떻게 미래와 연결할 것인가가 더욱 중요합니다!"

나는 집으로 돌아오는 길에 '카르페 디엠'이나 단테의 명언을 다시 생각해보았다. 그 말들의 의미는 두 번 다시 오지 않을 '오늘'은 누군가가 그토록 원했던 '내일'이기에 곧 다가올 미래의 연장선에 있는 '현재'를 중시하라는 게 아닐까?

확실한 것은 지금까지 나는 그 문장들을 문자 그대로 '오늘 주어진 일이나 열심히 하라'는 피상적인 뜻으로만 받아들였다는 것이다.

사실 20대 후반부터는 나 스스로가 이미 나이만 많이 먹었다고 생각해왔다. 특히 이루어놓은 것이 아무것도 없다는 생각이 들 때면 어린 친구들이 마냥 부러웠다. 하지만 40~50대 분들과 대화를 하다 보면 30대를 부러워하신다. 그분들은 30대인 우리에게 "뭐든지 할 수 있는 나이야, 뭐든지 해봐"라고 하신다. 특히 '뭐라도 좀 해보지 않았던' 도전정신의 부재를 후회하는 목소리가 귓가에 맴돈다.

세계에서 가장 높은 산인 에베레스트 정상에는 다음과 같이 적힌 깃대가 꽂혀 있다.

'1953년 5월 29일 에드먼드 힐러리'

에드먼드 힐러리는 가장 험난하고 높은 에베레스트 산을 처음 등반했지만, 사실 그도 처음부터 등반에 성공한 것은 아니었다. 1952년 그는 피나는 훈련 끝에 등반을 시작했지만 결국 실패하고 말았다. 그때 영국의 한 단체가 그에게 에베레스트의 등반에 관한 연설을 부탁했다. 그는 연단에서 에베레스트 산이 얼마나 오르기 힘든 산인지 설명하기 시작했다. 잠시 후 청중 가운데 한 사람이 그에게 질문을 던졌다.

"그렇게 힘든 산이라면 두 번 다시 등반하지 않을 겁니까?"

그는 주먹을 불끈 쥐고는 지도에 그려져 있는 에베레스트 산을

하루 10분, 하루 한 뼘

가리키며 이렇게 말했다.

"그렇지 않습니다. 저는 다시 오를 생각입니다. 첫 번째 등반은 실패로 끝났지만 다음번에는 반드시 성공할 테니까요. 왜냐하면 에베레스트는 이미 다 자랐지만 저의 꿈은 지금도 계속 자라고 있기 때문입니다."

그가 다시 에베레스트 산에 도전하지 않고 나이만 먹었다면 자신에게 진정한 도전이 무엇이었는지 알 수 없었을 것이다. 그리고 지나온 시절에 도전하지 못했던 후회의 목소리를 현재의 젊은이들에게 들려주는 어른이 되었을 것이다. 하지만 그는 가보지 않은 길을 택해 다시 도전했기에 인생의 한순간을 누구보다 멋지게 장식할 수 있었다.

거창한 도전은 아니지만 열다섯 살의 나도 작은 도전을 했던 적이 있다. 바로 중국어 공부였다. 요즈음에는 중학교에서도 제2 외국어를 가르친다고 하지만 그때는 영어 외에는 없었다. 어렸을 때부터 한문을 좋아했던 나는 중학교 2학년 때 EBS 라디오 교재로 독학을 시작했다. 3월부터 시작하는 강의라, 내가 처음 교재를 샀던 때는 이미 발음과 짧은 인사를 떼고 그다음 단계를 배우고 있었다. 한어병음자모(중국어를 로마자로 표기하는 자모)를 어떻게 읽어야 하는지를 모르는 것은 당연했고 한문을 봐도 한국식 발음 외에는 알지 못했다. 하지만 이듬해 3월까지 기다렸다가 발음부터 배우기에는 달력이 몇 장이나 남아 있었고, 무엇보다 나는 당장 중국어로 말해보고 싶었다.

그래서 궁리 끝에 매일 방송을 녹음했다. 며칠은 계속 중국어 강사가 읽어주는 부분만 반복해서 들으며 그 발음을 교재의 한자와 한 글자씩 연결해가며 따라 읽었다. 입으로는 강사의 발음을 쉴 새 없이 따라 했다. 이렇게 수십 번 반복하니 간체자가 저절로 눈에 익고, 그날 교재에 적힌 본문 역시 저절로 외워졌다. 그 후에는 더욱 정확한 발음을 위해서 내 발음도 다른 테이프에 녹음했다. 그리고 강사와 발음이 같아질 때까지 두 테이프를 번갈아 가며 듣고 녹음하기를 반복했다.

중국어에는 발음 이외에도 성조(중국어는 글자 하나하나에 높낮이가 있다)라는 것이 있는데, 나는 이것을 전혀 몰랐다. 재미있는 것은 따라 말하기를 하루에도 수십 번씩 하는 새에 나도 모르게 발음뿐만 아니라 성조까지 다 익힌 것이다. 그다음부터는 중국어가 더욱 재미있어졌다. 후에 내가 중국에 가서 공부를 하게 될지도 몰랐고, 중국어를 계속 할 것이라고 생각하지도 않았다. 그렇지만 당시 중학교에서 아무도 배우지 않는 언어를 독학한다는 것에 대한 도전 의지가 매우 컸고, 그만큼 큰 기쁨을 누렸다.

미국에서 90세 이상의 노인들을 대상으로 설문조사를 한 적이 있다. 질문은 한 가지였다.

"90년 인생을 돌아보았을 때 가장 후회가 되는 것은 무엇입니까?"

이에 대해 90퍼센트 이상이 같은 답변을 했다.

"좀더 모험을 해보았더라면 좋았을 것을!"

도전은 삶에 커다란 활력소가 되어준다. 다만 사람들이 거창하게 생각해서 시도하지 못하는 것뿐이다. 회사에 다니면서 1년 안에 영어나 일어 등 외국어를 정복하겠다는 꿈도 좋고, 책을 읽지 않았던 사람이라면 일주일에 책 한 권을 읽고 서평 쓰기에 도전해도 좋다. 더 늦기 전에 가보지 않았던 방향으로 시선을 돌리고 발걸음을 옮겨보자. 그곳에 당신이 그토록 찾아 헤매던 진짜 재미와 진짜 인생이 있을지도 모르잖는가.

04

현실에
가둬버린 꿈

지하철을 타고 사람들을 살펴보면 두 부류로 나눌 수 있다. 스마트폰에 정신없이 빠져서 고개가 아래로 처져 있는 사람과 무표정한 얼굴로 앉아 있는 사람이다. 특히나 무표정하기로 유명한 우리나라 사람의 아침 출근 풍경은 바쁜 걸음만 있을 뿐 얼굴에서 웃음과 미소는 찾아볼 수 없다. 왜 사람들의 표정에 생기가 없는 것일까? 그것은 오늘 하루를 기대할 꿈이 없기 때문이 아닐까 한다. 꿈꾸는 사람들은 표정과 눈빛이 다르다. 늘 생기가 넘치고 옆에 있기만 해도 삶에 대한 열의가 느껴진다.

강풀은 대학 졸업 후 만화가가 되기 위해 400여 곳의 만화 출판사에 이력서를 제출했지만 번번이 퇴짜를 맞았다. 그는 당시를 이렇게 회상했다.

하루 10분, 하루 한 뼘

"한 번은 모 잡지사에서 직장생활을 한 적이 있어요. 그런데 제가 국문과 출신이라고 만화 대신 취재나 편집을 시키더군요. 1년 있다가 나왔어요. 만화를 너무 그리고 싶었거든요. 그래서 직접 인터넷에 올리기로 했어요. 그래서 만든 것이 '강풀닷컴'입니다."

그가 어렵게 입사한 것에 무게를 두고 할 수 없이 취재나 편집 일에 적응하며 꿈을 묻어둔 채 살아갔다면 그 역시 무표정한 얼굴로 지하철에 오르고 있었을 것이다. 하지만 그는 한시도 자신의 꿈을 잊은 적이 없었다. 그 결과 '꿈을 이룬 자'가 됐다.

내게도 꿈을 꾸던 시절이 있었다. 초등학생 때에는 선생님이 되고 싶었다. 초등학교 2학년 때에는 선생님이 굉장히 무서워서 절대로 선생님은 되지 않겠다고 했지만, 4학년 때 담임선생님께서는 부드럽고 순한 분이셨고, 분홍색 티슈로 카네이션 만드는 방법을 알려주시는 손재주 좋은 분이어서 마음에 들었다. 그런 사람이 되려면 선생님이 되어야 할 것만 같았다. 학년이 더 올라가서는 과학자가 꿈이었다. 무슨 일을 하는지 하나도 모르겠지만, 비커에 여러 가지 용액을 넣고, 섞고 관찰하는 일이 꽤 멋있어 보였다. 중학생 때는 시인이나 작가가 되는 상상을 했고, 중국어를 독학할 때는 중국에서 사는 상상을 하기도 했다. 중3 때 담임선생님은 나에게 중국어를 열심히 해서 선교사가 되는 것은 어떻겠느냐고 물어보시기도 했다. 당시 선교사가 무슨 일을 하는 사람인지 잘 몰랐기에 그저 웃음으로 대답을 대신했다.

고등학교에 진학해서는 별다른 꿈이 없었다. 공부가 전혀 재미있지 않았다. 그래서 그저 뒤떨어지지 않게만 유지할 수 있는 수준에서 머물렀다. 수능 시험 후에는 성적에 맞춰 서울에 있는 모 대학 중국어과에 진학했다. 그런데 대학에서 중국어를 발음부터 가르치는 것이다. 능력에 맞춘 수업을 받을 수 있는 곳이 대학인 줄 알았던 나는 실망이 너무나 커서 이듬해에 휴학했다. 휴학 후 1년 동안 커피숍 아르바이트, 길거리에서 화장품 샘플 나눠주는 일 등을 하면서 돈을 벌어 중국어 학원에서 내 수준에 맞는 중국어 수업을 들었다. 몸이 조금 힘든 것 외에는 즐거운 생활이었다.

그러던 어느 날 중국으로 유학 가서 공부하면 좋겠다는 생각이 들었다. 중학교 때의 꿈을 생각하며 중국에서 공부하겠다고 말씀드리자 엄마께서 흔쾌히 보내준다고 하셨다. 정말 그렇게 고마운 순간이 없었다. 들뜬 마음으로 더욱 열심히 아르바이트를 하고, 학원에 다니고 혼자 유학원을 찾아다니며 학교 정보를 모았다.

베이징 공항에 내린 첫날을 잊을 수가 없다. 추운 날씨였고 공기도 나빴지만, 내 꿈이 다 이루어졌다고 생각했다. 아직 살아보지도 않았으면서 심지어 지금 죽어도 여한이 없다고까지 생각했다. 그런데 거기서 내 꿈도 멈췄다. 졸업 후에는 어차피 전공에 맞춰 당연히 '직장'에 들어가 헌신적으로 일할 것이라 여겼기에 더 큰 꿈을 꿀 생각을 하지 못했다.

최근 취업포털 커리어가 나흘 동안 대학생 670명을 대상으로 조사한 결과 열 명 중 여덟 명이 최근 심각한 취업난으로 스펙 '강박

증'에 시달리고 있다고 발표했다. 스펙 강박증에 시달리는 이유는 '지금 스펙으로는 취업할 수 없을 것 같아서'라는 대답이 가장 많았다.

사상 유례없는 취업난 속에서 꿈보다는 취업이 먼저라고 생각하는 대학생이나 취업 준비생들이 늘고 있다. 기댈 곳은 오로지 스펙을 쌓을 수 있는 학원밖에 없다고 생각하는 듯하다. 이런 모습은 예나 지금이나 변함이 없다. 내가 취업을 준비하던 당시에도 취업난이 심했다. 영어, 중국어, 일본어를 함께 공부하는 학생들도 있었고 컴퓨터 자격증 시험까지 동시 다발적으로 준비하는 사람들이 많았다. 나 역시 목표 하나 없이 급한 마음에 영어 토익을 준비하기 위해 학원으로 향했다. 컴퓨터 학원에도 다녔다. 그리고 기업체마다 쉴 새 없이 이력서를 넣었다.

대기업은 우리 엄마에게 꿈의 직장이었다. 특히 S그룹을 좋아하셨다. 하지만 엄마의 바람처럼 그 회사의 일원이 되지 못한 나는 그것도 불만이었다.

"물건을 사준 건 엄만데 왜 엄마가 그 회사 좋아하고 난리야? 그쪽에서 고객을 좋다고 해야지!"

어렵게 입사해서는 꿈에 대해 생각해본 적이 거의 없다. 내가 진정 원하는 것이 무엇인지 떠올려볼 새도 없이 하루하루를 생존 본능으로 무장해야 했다. 매일 아침 눈을 뜨면 내가 바라는 것은 그저 업무가 순조롭게 진행되어서 별 탈 없이 하루가 마무리되는 것이었고, 퇴근 시간 바라보는 것이 낙이었다.

집, 회사 그리고 가끔 만나는 친구들. 내 생활에도 다른 사람들과 같은 패턴이 생겼다. 회사에 적응되면 다른 사람보다 취미활동도 더 많이 하고, 더 많은 사람을 만나면서 살겠노라 다짐했는데, 쳇바퀴 돌리는 햄스터와 같은 생활을 피할 수가 없었다. 직장생활을 하면서 내가 가진 꿈이라고는 월급이 좀더 오르는 것과 다달이 인센티브를 받을 수 있게 실적이 좋아지는 것, 이 두 가지뿐이었다.

하루는 내 친구 P가 자기 회사 과장님에 대해 말한 적이 있다. 갑자기 스페인어를 배우겠다고 과감하게 사표를 쓰고 떠났다는 것이다. 나이가 마흔이 가까운 그분은 다른 꿈을 꾸던 분이었다. 그 꿈을 위해 스페인어가 필요하다며 갑자기 사직서를 냈을 때 상사와 가족, 친구들까지 주변에선 모두 만류하기에 바빴다고 했다. 친구 과장님의 이러한 대담한 행동에 나와 친구 P는 그 사람이 대단하다는 것에는 의견을 같이했지만, 최종적인 견해는 약간 달랐다. P는 그 과장님을 절대로 이해할 수 없다고 했다. 하지만 이런 말을 했다.
"그런데 회사를 그만두려고 해서 그런가? 얼굴이 아주 환해지셨더라고."
나는 그분이 단순히 사직하는 것 때문에 얼굴빛이 달라졌다고 생각하지 않았다. 그분은 진짜 무언가를 찾은 것이다. 내가 만약에 그분처럼 하고 싶은 무언가를 찾으면 그렇게까지 할 수 있을까를 생각해봤는데 쉽게 답이 나오지는 않았다. 그저 진심으로 그분처럼 나도 지금이라도 꿈을 찾을 수 있었으면 좋겠다고 생각했을

하루 10분, 하루 한 뼘

뿐이다.

누구나 꿈에 대해 말하며 한없이 행복한 빛을 발하던 시절이 있었다. 그때는 꿈을 꾸고 꿈을 좇아가는 것이 당연한 일이었다. 그런데 어느 순간부터 꿈을 좇는 사람보다는 포기하는 사람을, 꿈에 대해 이야기하는 사람보다는 함구하는 사람을 더 많이 보게 됐다.

사람들은 서른이 되어도 아직 자신은 어른이 아닌 것 같다고 말하곤 한다. 그러면서 어릴 적에 일기장에 써둔 수많은 꿈의 목록은 어른이 되어가고 있는 자신에게는 어울리지 않는다며 보지 않으려한다. 다른 모든 면에서는 스스로 어른이 되기에는 아직 멀었다고 인정하면서, 왜 꿈은 포기할수록 철이 든 것이고 그것이 어른이 되어가는 과정이라고 말하는 걸까?

서른, 어차피 자신이 아직 어른이라고 느껴지지 않는다면 적어도 꿈에 대해서만은 어른 흉내 내기를 잠시 멈춰보자. 그리고 어렸을 때, 학창 시절에, 지금 회사 다니면서 정말 하고 싶은 일이 없었는지에 대한 물음에 솔직해지자. 이번에는 속임 없이, 뒤로 물러서지 말고 순수하게 마음에 있는 작은 소리 하나까지도 모두 들어보자. 분명히 잊고 지내던 꿈과 만나게 될 것이다.

가다 서다를
무한 반복 중

오늘도 어김없이 어제와 같은 태양이 떠올라 하루의 시작을 알린다. 그렇게 한 해가 가더니 어느덧 2015년 1월이 됐다. 보통 1월이 되면 사람들은 으레 지난 한 해를 되돌아보고 후회되는 일들을 열심히 되새기곤 한다.

학생들은 공부를 좀더 열심히 해야 했다며 죄 없는 책상을 치고, 직장인들은 자기계발에 꾸준한 노력을 보이지 못했다고 자책한다. 올해도 애인 없이 한 해를 마무리해서는 안 된다며 기필코 여우 목도리, 늑대 코트를 마련하겠노라 다짐하는 이들도 있다. 이렇게 보면 1월은 한 살 더 먹어서 아쉬운 달이지만, 동시에 새해를 위한 새로운 목표를 세우고 이루고자 거창한 계획을 세워보기도 하는 희망찬 달이기도 하다.

주변에 몇몇 남자분은 2015년에는 꼭 금연을 하겠다고 선포했다. 그러나 작심삼일이란 말이 무색하게 이틀 만에 인내의 바닥을 보이며 사흘을 채우지 못한 채 다시 담배를 물었다. 그러면서 이런 한마디를 남겼다.

"그놈의 스트레스가 요걸 다시 찾게 하잖아!"

작년에 너무 많이 먹어 살이 쪘다며 올해는 꼭 다이어트를 하겠노라 선언한 여자들도 있었다. 하지만 이내 "애, 너도 알다시피 난 먹는 걸로 스트레스를 풀잖니"라며 남에게 양해를 구하는 건지 자신에게 양해를 구하는 건지 모를 말을 툭 내뱉고는 다시 맛집 검색에 나섰다. '칼로리가 낮은' 조리법으로 요리하는 음식점을 찾았다고 좋아하기도 한다. 나 역시 이에 속하는 한 사람이다. 작년 12월까지만 해도 "아, 올해는 진짜 딱 3킬로만!"을 외치다가 어느새 새로운 청양의 해를 맞이하게 됐다. 3킬로그램 감량의 계획은 이번 해로 넘어왔다.

못다 이룬 계획이 아쉬워서일까, 사람들은 한결같은 마음으로 작년에 성취하지 못했던 것들을 올해의 목표로 또 설정한다. 어쩌면 이 계획들은 사는 내내 크게 바뀌지 않을지도 모른다. 그리고 보면 우리는 '가다 서다'를 한 해도 잊지 않고 무한 반복 중인 셈이다.

내가 꾸준히 하지 못했던 것 중 하나는 바로 대한민국 직장인의 영원한 숙제라 할 수 있는 '영어'다. 학창 시절 국어, 영어, 한문 등 어학 과목과 역사나 사회 같은 인문학 과목을 좋아했다(수학을 못하기도 했다). 내가 중국어에 그렇게까지 빠지지 않았다면 어쩌면 영어를 더 좋아했을지도 모른다.

그래도 대학생 때에는 영어 회화 공부를 꾸준히 했다. 고등학교까지 나온 내가 대학생이 되어서 외국인에게 길 안내 하나 제대로 못한다는 것은 부끄러운 일이라고 생각했고, 중국에서 많은 외국 친구를 사귀면서 영어 회화는 어설프게라도 구사할 줄 알아야 더 많은 이야기를 나눌 수 있겠다는 필요성을 느껴서다.

때마침 2학년 올라갈 때쯤 기숙사 2층에서 생활하는 오스트레일리아 출신 메리와 금방 친구가 됐다. 그녀는 그동안 중국어를 한 번도 접해본 적이 없었다. 그래서 영어를 어느 정도 알아듣는 나와 다른 몇몇 외국인 친구들과 어울리며 편한 영어로 대화하는 것을 더욱 선호했다. 그녀 덕분에 영어로 말문을 트는 것이 그렇게 어려운 일은 아니란 걸 알게 됐다. 그 후에는 인도네시아에서 온 화교 친구를 만났는데, 화교지만 내 입장에서 보면 다행히도 중국어를 잘 몰랐던 친구여서 또다시 영어 회화를 연습할 수 있었다.

내가 하는 영어가 그렇게 긴 문장인 경우는 없었는데, 한국 학생들이 보기에는 그것도 굉장해 보였는지 중국어도 영어도 다 할 줄 안다고 부러워하는 친구들도 있었다. 그렇게 3년을 외국 친구들과 재미있게 보내면서 영어 회화도 할 수 있겠다는 자신감이 붙었다.

그런데 한국에 와서 사정이 달라졌다. 토익을 준비해야 했는데 독해가 생각보다 재미가 없었다. 중국어를 공부할 때도 회화보다는 말하기와 듣기를 더 좋아했다. 한어수평고사(HSK) 점수도 말하

40

기와 듣기는 늘 11급이었지만, 독해와 문법은 늘 10급으로 최종 급수 11급이 나온 적이 없었다. 영어 독해는 중국어보다 더 흥미를 느끼지 못해서 공부를 하다 말기를 반복하다가 포기하기 수차례였다. 하지만 스펙 한 줄이 아쉬울 때에는 토익을 놓을 수가 없었다. 이력서에 적어 넣으려고 다시 영어를 공부했고, 포기하고 다시 붙들기를 반복하는 동안 그나마 중국에서 재미 붙여온 영어 회화 실력도 하강 곡선을 그리고 말았다.

회사에서 자리를 잡고 나서도 마찬가지였다. 영어가 부족하다고 생각이 들면 다시 들이파다가, 이내 '내 영어 수준으로도 일은 다 했는걸 뭐' 하면서 게으름을 피우기 시작했다. 영어에 꾸준하지 못한 나 자신을 보면서 중국어를 꾸준히 했던 것이 새삼 감사할 정도였다. 그리고 자주 한국에 오는 중국 친구들이 내게 중국어를 잊지 않도록 해주는 것 같아 어찌나 감사한지! 나에게 그들이 있는 한, 중국어 공부 하나만큼은 꾸준할 것 같다.

'무한 반복'이 계속되는 이유 중 하나는 초조함이다. 사람들은 항상 무언가를 빨리 성취하고 결과를 내놓길 바란다. 말로는 느긋하게 하라고 하고, 대기만성형인 사람도 있다고 하지만 무언가를 어서 완성해서 사람들 앞에 '짜잔!' 하고 내놓고 싶어 한다. 나 역시 이런 마음으로 살아왔다. 빨리 무엇이 됐으면 좋겠고 빨리 뭔가를 해놓지 않으면 뒤처질 것 같았다. 이런 불안한 마음이나 안일하게 시작한 계획들은 꾸준히 실천되지 못했다. 그래서 자신에게 맞는 철저한 계획이 필요한데, 계획이 아무리 좋아도 너무 밀어붙이다가는 다시 '하다 말다'만 무한 반복하게 되므로 아무 소용이 없다.

김경집의 《완보완심》에 보면 이런 말이 있다.

> 달리는 이에게는 오로지 목표점까지의 최소한의 시간이 중요할 뿐입니다. 오로지 그 '빠른 직선'에 대해서만 생각합니다. 다른 이에 대한 배려나 관심 따위는 안중에 없습니다. 그것은 결국 자신에 대한 무배려와 무관심이며 자신과 자신의 삶을 사랑할 줄 모르는 것과 다르지 않습니다. 달려야 할 때 제대로 달리기 위해서는 꾸준히 걸어야 합니다. '오래가기 위해서는 천천히 가라'는 말은 삶에도 사람에도 사랑에도 그리고 일에도 고스란히 적용되는 모토입니다.

어느 시점이 되면 우리는 가다 서다의 무한 반복이 아닌 그야말로 '꾸준함'의 정신으로 무장하고 승부를 봐야 한다. 꾸준한 노력 없이 '완성' 단계로 접어들게 되는 일은 세상에 아무것도 없기 때문이다. 그것이 성공이든, 사람 마음을 얻는 일이든, 어제와 같은 열정으로 오늘을 채우고 내일을 만들려는 꾸준한 노력만이 계획을 완성해주고 목표에 한 발자국 더 다가가게 해준다. 그래서 지금 우리에게 필요한 것은 꾸준히 해나가고자 하는 마음가짐과 자신에게 맞는 목표 설정이다.

그러니 이번에는 무작정 달려가는 것이 아니라 천천히 걸어갈 준비를 하자. 배낭도 준비하고, 운동화도 준비하자. 목마를 때를 대

42

비해서 물이 가득 담긴 물통도 하나 챙겨 넣자. 준비를 잘 마치고 길을 나설 때에도 자기 페이스대로 나아가야 한다는 것을 잊지 말자. 어제의 뜀박질에 오늘 숨을 고르고 내일 앓아눕게 된다면 계속 가고 싶어도 갈 수가 없다. 그러니 내 보폭대로 한 발 한 발 걸어나가야 한다.

　마더 테레사는 "신은 우리가 성공할 것을 요구하지 않는다. 우리가 노력할 것을 요구할 뿐이다"라고 말했다. 알고 보면 신이 사람에게 요구하는 것은 그리 거창한 게 아니다. 오로지 자신과 신을 속이지 않는 꾸준한 노력뿐이다. 이제는 가다 서다의 무한 반복이 아니라 무한 노력의 정신으로 나를 다시 채울 때다.

코만 높이면
인생 좀 달라질까?

　한 번은 지하철 3호선 신사역에 내렸는데 벽마다 성형외과 광고 천지였다. 도대체 몇 개의 성형외과가 이곳에 있다는 건지 셀 수도 없었다. 유심히 살펴보다 한 광고에 시선이 멈췄다. 대부분은 성형 한 사람의 전후 사진을 비교해놓았는데, 그 광고에서는 시술받은 사람도 의사도 아닌 상담 실장이라는 직함을 가진 여섯 명의 여자 사진이 게재되어 있었다.

　보통 성형외과는 피부과와 병행하는데, 가끔 피부과 시술을 받으러 가보면 상담 실장이라는 사람이 있다. 내가 가본 곳들은 아무리 많아도 두어 명 정도가 전부였다. 그런데 그 병원에는 무려 여섯 명이나 있다니! 도대체 얼마나 많은 사람이 성형 상담을 받으려고 방문하는 걸까? 아무리 성형 기술이 뛰어나고 주변에 성형인이 많아

44   하루 10분, 하루 한 뼘

큰 거부감이 없다고 하더라도 그야말로 놀랠 '노' 자였다.

여자에게만 성형 열풍이 불고 있는 것은 아니다. 남자에게도 '아도니스증후군'이란 것이 발생한다. 남성외모집착증이라고도 하는데, 이 증후군이 있는 남성은 외모에 집착이 심해서 자기보다 잘생긴 사람을 보면 질투와 부러움에 휩싸여서 두통을 겪기도 한다. 그야말로 외모지상주의가 낳은 새로운 병인 것이다.

매우 아름답게 태어나서 고칠 필요가 없는 얼굴임에도 돈을 들여 고치려고 하는 사람도 적지 않다. 왜 그럴까? 그것은 자기가 자신의 주인이 아니고 다른 무엇인가가 주인이 되어 있어서다.

《나는 절대 외모에 집착하지 않는다》의 저자 미즈시마 히로코는 말한다.

> '외모'를 축으로 해서 '자신의 스타일'을 만들면, 정신적으로 매우 불안정해진다. 자신이 택한 '스타일'이 현재 자신이 처한 상황에 잘 어울리는지, 또는 사람들이 현재 자신의 스타일을 어떻게 생각하고 있는지, 하나부터 열까지 집착하며 조바심을 내게 된다.

사회의 시선에 맞춰 외모를 고쳤는데 만약에 유행이 바뀌거나 사회의 기준과 잣대가 변한다면, 그에 맞춰 외모를 다시 손봐야(?) 하는 일이 생길 수도 있다는 말이다.

사춘기에는 '신체추형장애'라는 병이 생기기도 한다. 못생겼다는데 대해 심한 강박관념을 갖게 되는 것을 일컫는 말이다. 그들은 남이 봤을 때는 전혀 문제가 없는 외모지만 자기 스스로는 큰 문제로 인식하고 끝없이 고민한다. 자신의 외모에 만족하지 못해 '나는 가치가 없다'고까지 느낀다고 하니 무서운 일이 아닐 수 없다.

　이건 비밀인데, 3년 전쯤에 나도 시술을 받은 적이 있다. 이유는 다소 강한 인상을 살짝 부드럽게 하기 위해서였다. 내 인상이 강해 보인다고 생각해본 적이 전혀 없었기에 미용실에서 그런 말을 처음으로 들었을 때는 다소 충격을 받았다. 그런데 신경이 쓰여서 그랬는지 이후에도 몇몇 사람에게서 비슷한 말을 들었다. 당시에는 상관없다고, 그런 말쯤 무시할 수 있다고 여겼다. 하지만 그게 아니었던 모양이다. 그 말들이 마음속에 작은 불씨처럼 남아서 가끔 떠오르곤 했다.
　강한 인상을 살짝 유하게 만들기 위해 나는 어느 부위에 손을 댔을까? 바로 얼굴 전체였다. 양 볼과 이마에 내 허벅지에서 추출한 지방을 이식했다. 시술을 위해 찾은 병원 원장 선생님은 지방을 넣으면 인상이 좀 유해 보일 것이라고 했다. 그 말에 방문 당일 덜컥 시술을 결정했으니 참 간도 컸다. 총 두 차례 얼굴에 이식을 마치고 처음에는 만족스러웠다. 거울을 볼 때마다 **빵빵한** 볼살이 괜찮았다. 그런데 1년이 지나도록 내 동생은 나의 변화를 감지하지 못했다. 남자치고는 섬세한 면이 있어서 혹시 알아차리지 않을까 했는데, 내가 말하기 전까지 전혀 눈치채지 못했다.
　하루는 동생이 어디서 들었는지 얼굴에 지방이식을 하고 나면 무척 아프다는 이야기를 들었다고 했다. 나는 아프지는 않다고 대답해주었다. 내 개인적 경험에서 우러나온 말이었다. 동생이 반박하고 나섰다.

"아니야, 진짜 아프대. 며칠간은. 그게 보기보다 쉬운 게 아니래."

나는 재차 진짜 아프지 않다고 했지만, 동생이 발끈해서 외쳤다.

"누나가 어떻게 알아? 해보지도 않았으면서!"

나는 더 발끈해서 토설했다.

"했다!"

그 말이 무슨 뜻인지 동생은 잠시 못 알아듣는 듯했다. 엄마가 옆에서 피식 웃으시며 네 누나도 했다고 다시 알려주었다. 동생은 잠시 나를 쳐다보더니 이렇게 말했다.

"그런데 대체 어딜 한 거야?"

이럴 수가! 동생의 이 한마디는 망치로 뒤통수를 얻어맞은 것과 같은 충격을 던져주었다. 갑자기 내 돈 150만 원이 아까워지기 시작했다. 난생처음으로 인상이 강해 보인다는 말을 들었을 때 "너는 엄청 못생겼거든요?! 차라리 인상 강한 쪽을 택하겠어요"라고 당당하게 말하고 마음에서 깨끗하게 지웠어야 했다. 나는 대체 무엇 때문에 시술을 받았던 걸까?

많은 사람이 외모가 좋아지면 더욱 진취적이고 자신감이 생길 것이라고 착각한다. 그러나 외모에 지극 정성으로 신경 쓰는 사람 치고 자신감이 충만한 사람은 별로 없다. 진짜 자신감을 가진 사람들은 외모에 그다지 신경 쓰지도 않고 남의 시선에도 아랑곳하지 않는다.

당일 시술을 결정했을 때 이것은 내 인상을 위한 투자라고 스스로를 끊임없이 설득했다. 처음 해보는 시술이어서 겁이 좀 나기도 했다. 그래서 더더욱 나 자신을 제대로 이해시켜야 했다. 내가 이 시술을 하고자 하는 것은 결코 자신감 문제가 아니라 외모 때문이라고 스스로에게 갖은 이유를 갖다 붙이며 설명했다. 하지만 사실은 평소에도 자신감이 없던 나는 이렇게라도 자신감을 회복할 수 있으면 좋겠다고 생각했던 것이다.

채인선의 《나는 나의 주인》 첫 페이지에 보면 거울에 비친 자신의 얼굴을 마주 보고 있는 어린아이의 모습이 그림으로 실려 있다.

나는 내가 누구인지 압니다.
내 몸이 어떻게 생겼는지도 압니다.
나는 나의 주인이니까요.

이 책은 초등학생을 위한 도서이기 때문에 정체성에 대해 철학적 혹은 심리학적 지식으로 장황한 설명을 해주지는 않는다. 대신 어떤 책보다 확실하고 간단하게 말해주고 있다. 내가 나의 주인이라고.

주인은 책임을 지는 사람이고

주인은 소중하게 보살펴주는 사람입니다.
주인은 공중을 날아다니는 새나
숲에 있는 나무들처럼
자기 스스로를 키우는 사람입니다.

어린아이들조차 자신이 진정한 주인이 되어 살아가는 마음가짐에 대해 배우는데, 정작 어른들은 스스로를 키울 생각은 하지 못하고 있다. 오히려 자라면 자랄수록, 자유가 주어지면 주어질수록, 자신을 어떻게든 사회에 부합할 수 있는 사람으로 만들기 위해 갖은 노력을 하고 있다. 외모도 그중 하나다.

어렸을 때에는 어른이 되면 자기가 가고 싶은 곳은 언제든지 갈 수 있고, 하고 싶은 대로 다 할 수 있을 줄 알았다. 하지만 그때의 기대나 바람과는 달리 시간이 지날수록 점점 더 사회와 다른 사람의 잣대에 나를 맞춰가고 있는 것 같다. 날이 갈수록 내가 주인으로 있던 자리를 남에게 내어주고 있는 것만 같다고 여겨지는 건, 그저 나 혼자만의 느낌일까?

아,
그놈의 자신감

　사람들은 대개 만 열아홉 살이 되면 성인이 된다고 착각한다. 대학생이 되고, 투표권이 주어지고, 차를 몰 수 있기 때문이다. 나도 대학생이 될 준비를 하면서 고등학생 때까지는 전혀 생각지도 못했던 옷과 화장품을 사들이며 몇 달간 행복해했었다. 지금이야 초등학생도 화장을 하는 시대가 됐지만, 예전에는 대학생이 되어서 시작하는 경우가 많았다. 특히 화장을 한다는 것은 여학생들에게는 '어른'이 됐다는 일종의 상징 같은 것이었다. 처음에는 아이라인 그리는 데 서툴지만, 수많은 연습 끝에 드디어 제대로 된 한 선이 내 오른쪽 속눈썹에 바짝 붙어 그려진다. 거울을 쳐다보면 오른쪽 눈이 왼쪽 눈보다 커 보일 때의 그 희열이란! 이것은 아직도 내가 매일 아침 경험하는 신세계다.

옷을 구매하는 일은 내게 참 난감한 일이었다. 평소에 바지와 티만 입고 다닌 탓에 치마를 구매하는 일이 무엇보다 어려웠다. 그때 옷에 대해 일가견이 있다고 인정받는 친구 하나가 코디를 자처하고 나섰다. 처음 입어보는 딱 붙는 민소매 티와 카디건, 정장풍의 H라인 스커트, 그리고 하이힐. 하이힐은 그야말로 어른이 된 느낌을 만끽하게 해주는 화룡점정의 도구였다. 그렇게 한껏 차려입고 버스에 오른 어느 날, 앉아 있던 승객 모두의 시선이 나에게 향하는 것 같은 느낌을 받았다. '내가 꾸미니까 예쁘긴 한가 봐'라고 생각했다. 당시에는 지금보다 7킬로그램이나 더 나갔던 데다가 힐을 신은 지 얼마 되지 않아 분명 어색한 걸음걸이였을 텐데 말이다. 그 무슨 근거 없는 자신감이었는지 지금 생각해봐도 나를 알 수가 없다.

그렇게 영원히 자신감 있고 빛날 줄 알았던 나의 20대는, 이후 달라지고 말았다. 심적 방황이 계속됐다. 내가 누구인가에 대한 의문은 없고 그저 내게 부족한 것만 꼬집는, 좀 모자라는 청춘이었다.

"자신감이 좀…."

혼잣말로 한 것이지만 나는 분명히 들었다. 면접관이 나를 향해 하는 소리를. 내 딴에는 답변을 잘했다고 생각했는데, 듣는 사람 입장에서는 그렇지 않았던가 보다. 말을 잘하고 못하고를 떠나 제대로 어필을 못 한 것이다. 다시 문을 열고 들어가 "그놈의 자신감, 사 오겠습니다!"라고 말하고 싶은 심정이었다.

내 주변 사람들은 내가 말을 곧잘 한다는 이유로 자존감이 드높고 자신감이 충만한 줄 안다. 나도 한때는 내가 그런 줄 알았다. 하지만 실은 그런 사람이고 싶었던 것이지, 진짜로 자신감이 넘쳤던 건 아니었다. 오히려 그 반대였다. 또 감정이 이성을 앞서는 편이다 보니 그다지 논리적이도 못했다. 그래서 내가 좋아하는 것 중 하나가 '논리'였다. 수학을 잘하는 사람을 부러워했고, 이과생들이 그렇게 멋있어 보일 수가 없었다. 한때는 흑 아니면 백이라는 흑백 논리가 논리의 전부라고 여기고 그 중간의 어정쩡한 진회색, 연회색 같은 생각은 줏대 없는 의견이라며 듣지도 않았다. 논리적이지 않은 모든 것을 싫어했다. 그러니 나 스스로 그렇게 착각할 수도 있었다. 하지만 사람은 논리가 아니라 감성으로 움직이고 나 역시 그러하기에 스스로를 논리적인 사람이라 생각하는 것은 여러모로 모순이었다.

어렸을 때에도 타고난 자신감이 있는 아이는 아니었다. 오히려 소극적인 학생이었다. 중학교 2학년 리코더 시험을 보는 날이었다. 내 연주가 끝나자 선생님께서 잠시 말씀이 없으셨다. 그러고는 이내 집에 음악 하는 사람이 있는지, 혹시 음악 듣는 것이 취미인 어르신이 계시는지 물으셨다. 다 "아니오"라고 대답했다. 선생님께서는 내가 리코더를 남다르게 잘 연주해서 이런 질문을 했다고 하셨다. 그리고 원래 100점을 주려고 했으나 자신감 없이 연주해서 3점을 감하겠다는 말씀도 덧붙였다. 이런 칭찬은 난생처음이었다.

뛸 듯이 기뻤지만 빼앗긴(?) 3점이 못내 아쉬웠다. 나 혼자 100점을 받을 기회였는데, 날아가 버린 것이다. 연주를 아무리 잘해도 자신감 있게 표현하지 못하면 100퍼센트의 실력을 발휘할 수 없는 것이다.

　취직 때문에 골머리 썩느라고 20대 후반을 보낸 나는 서른에 새로 취직이 됐다. 그 회사에서 몇 달간은 적응을 위해 업무에만 집중하며 바쁘게 지냈다. 회사에서의 포지션은 지금까지 항공 수출 업무 담당이다. 간단히 말하면 다음과 같은 프로세스를 거친다. 수출업자들이 다른 나라에 항공으로 물건을 보내고자 할 때 나에게 전화한다. 그러면 나는 그 나라에 갈 적당한 항공사 스케줄을 알아보고 킬로그램당 가격이 얼마인지를 확인해서 무역회사에 추천해주고 그들을 대신해서 항공사에 예약한다. 물건이 공항창고에 입고된 후에는 항공사창고로 넘어가고, 나는 무역회사에서 자료를 받아 이것저것 써넣는다. 그리고 우리 회사 파트너(현지 포워딩)에게 수출될 물건에 대한 정보를 전한다.

　이 업계의 일은 휴일에 쉬어도 마음은 편치 못할 때가 많다. 주말에 비행기로 나가야 할 짐이 있다면, 늘 그쪽에 마음이 쏠려 있기 때문이다. 게다가 금방 초조해지고 조바심을 내는 성격이라 물건은 제때 입고시켰는지, 물건 들어온 것을 공항창고에서는 체크했는지 등 모든 게 마음에 걸렸다. 물건이 예정보다 늦게 도착해도 각 항공사 CUT OFF 시간 전에만 도착하면 되는데, 내가 예상하는 도착 시각을 넘긴 물건은 날 불안하게 했다. 혹시라도 입고가 되지 않았다고 공항창고에서 전화를 받는 날엔 가슴이 두 근 반 세 근 반

뛰었다. 그리고 해당 무역회사 담당자가 받을 때까지 전화를 했다. 받지 않는 그 시간은 내게 생지옥이었다. 그래도 마음이 놓이지 않을 때에는 아예 회사에 가 있기도 했다.

주말에는 공항창고에서 일하시는 분들에게 마감 처리를 맡기곤 한다. 처음에는 일을 맡겨도 불안해서 확인 전화를 하곤 했다. 물건이 들어왔을 시간인데 들어왔다고 전화가 오지 않으면 또 불안했다. 이렇게 시도 때도 없이 불안하고 긴장감에 휩싸이는 것은 스스로를 피곤하게 하는 짓이었다. 그제야 왜 면접 때 부장님께서 "스트레스는 어떻게 관리하고 계세요?"라고 물었는지 절실히 깨달았다. 교회도 다니고 있고, 일주일에 한 번씩 꼭 운동도 하기에 비교적 스트레스를 잘 관리한다고 여겨왔는데 그렇지만도 않다는 것을 인정해야 했다.

업무가 주는 스트레스 때문에 힘들어지자 나도 나름대로 스트레스를 관리해야 할 필요성을 느꼈다. 가만히 보니 언젠가부터 내가 좋아하는 것이 무엇인지, 어떤 점에서 어려움을 느끼는 건지, 힘들 때는 어떻게 극복해왔는지에 대해 스스로가 전혀 관심이 없이 살아왔다는 것을 깨달았다. 누구 말처럼 생각하는 대로가 아닌 사는 대로 생각하느라 나를 돌아보고 점검할 기회가 없었다. 어렸을 때도 그랬고 서른이 넘은 시점에도 여전히 나에 대해 아는 바가 없다는 것만큼 사람을 방황하게 하고 자신감을 없애는 것도 없었다. 회사에서 좀 안정이 되자 갑자기 '서른한 살 앓이'가 찾아왔다.

'나는 누구인가?'

'정말로 내가 이 길을 원한 것인가?'

사실 갑자기 찾아온 것은 아니었다. 늘 가지고 있던 질문이었지만 제대로 고민하지 않은 채 방치했던 것이다. 여러 가지 생각에 골치가 아플 지경이었다. 물론 이러한 심적 방황이 지친 내게 책을 찾게 해주었다는 점에서는 참으로 고마운 일이다.

랄프 왈도 에머슨은 '나 자신에 대한 자신감을 잃으면, 온 세상이 나의 적이 된다'고 했다. 자신을 잘 모른다는 것은 혼자서 깊은 산속을 이리저리 헤매는 것과 마찬가지다. 그러니 도와주는 사람들도 미덥지 못하고 세상을 향해 온몸에 가시 돋친 고슴도치처럼 예민해질 수밖에 없다.

반드시 기억해야 한다. 세상은 내가 누구인지 알게 해주고 돌봐줄 의무를 지지 않는다는 것을. 그러니 더 지쳐서 일어설 수 없게 되기 전에 자신의 마음을 빨리 알아주고, 이해하고, 위로해야 한다. 자신을 잃지 않도록 항상 가장 큰 응원을 보내줄 수 있는 사람은 바로 나 자신밖에 없다.

가까이 있어
더욱 소중한, 가족

 책을 읽다 보면 가끔 내가 망각의 강, 레테의 물을 마셨던 것이 아닌가 하고 생각할 때가 있다. 문득 소중한 사람들을 잊고 살았다는 것을 느끼는 때가 바로 그때다. 세상에서 가장 아름다운 존재, 내가 힘들 때 언제든지 다시 돌아가 안길 수 있는 사람들, 바로 '가족'이다. 그런데 사람들은 가장 가까운 가족에게는 함부로 하고 새로 만난 사람에게만 웃음을 보이고 예의를 차리곤 한다. 나 역시 마찬가지였다. 나를 키워주신 부모님의 소중함을 가슴에 늘 간직하고 있다면서 행동은 그렇게 나오지 못했다. 친동기가 타인보다는 훨씬 힘이 되어준다는 사실을 알면서도 다른 사람들이 더욱 가깝게 느껴지기도 했다.

 우리는 살면서 천륜으로 이어진 이 감동적인 존재와 가끔 다투기도 하고, 마음에 상처를 주고받기도 한다. 하지만 언제나 서로를 아껴주는 가족이 있기에 우리는 힘들어서 주저앉고 싶을 때에도 멈추지 않고 더욱 성장할 수 있다.

우연히 이금이의 《너도 하늘말나리야》를 읽고, 성장 소설이라 해서 청소년만 보는 것이 아니라는 것을 깨달았다. 성장하는 아이들의 성장 과정이 곧 삶의 성장과도 맞닿아 있기 때문이다.

소설 속 주인공 미르, 소희, 바우 세 사람은 이제 곧 중학생이 될 6학년 학생들이다. 미르는 부모님이 이혼하고 엄마와 함께 살게 된 까칠한 소녀다. 엄마가 하는 말에 무조건 퉁명스럽게 대답하면서 불만은 있는 대로 표시하지만, 정작 불만이 무엇인지 말도 제대로 못 꺼내는 사춘기 소녀다. 미르는 엄마가 아빠와 헤어진 것도 맘에 들지 않고, 시골에 내려와 사는 것도 마음에 들지 않아서 자꾸 엄마와 부딪힌다. 바우는 엄마를 여의고 아빠와 살아가는 남학생이다. 엄마를 잃은 바우는 충격에 말문을 닫고 산다. 그는 이혼한 부모님에게 불만이 있는 미르가 부럽기도 하고 가끔은 밉기도 하다. 그는 미르에게 이렇게 말하고 싶다. '너의 아빤 살아 계시잖아. 넌 그래도 네 아빠의 늙어 가는 모습을 볼 수 있잖아.'

부모님 중 한 분과 사이가 심각하게 좋지 않았던 지인 몇몇을 알고 있다. 그중에는 부모님의 끝없는 싸움이 지겨워서 두 분께 차라리 이혼하시라고 권하는 친구도 있고, 부모님이 보기 싫어 아예 일찌감치 집을 따로 얻어 사는 친구도 있다. 매일 크게 다투는 모습을 더는 보고 싶지 않기 때문이다. 지리멸렬하게 싸우던 끝에 부모님이 이혼하자, 자기 입장에서 이해가 가는 분만 만나고 다른 한 분은 아예 보지 않고 사는 친구도 있다. 나는 그에게 나중에 후회하지 말고 가끔 부모님 두 분 다 한 번씩은 찾아뵈라고 권하곤 했다. 그 친구는 이렇게 대답했다.

"네가 우리 엄마 아빠가 소리 지르면서 싸우는 꼴을 못 봐서 그래. 난 아빠 평생 안 봐."

나는 그의 입장을 100퍼센트 이해할 수는 없기에 이렇게 물어봤다.

"그렇다고 해서 네가 아빠가 어떻게 되길 바라는 만큼 미워하는 건 아니잖아. 네 아빤데 아예 얼굴 안 보고 살 수 있겠니?"

그 친구는 선뜻 대답하지 못하고 복잡한 표정을 지었다. 나는 또 '만일 이 상태에서 만나지 않았던 한쪽 부모님이 갑자기 돌아가시기라도 하면 가장 가슴 아픈 사람은 바로 너'라고 약간 아픈 말로 설득하기도 했다. 아빠가 일찍 돌아가신 나에게는 부모님 두 분 다 살아계신 자체가 부러울 뿐이다.

선배 A는 매번 사업한다고 집에 계시지 않고 밖으로 돌았던 아버지를 많이 원망했다. 그의 아버지는 그가 어렸을 때 일찍 사업에 뛰어들었지만 곧 망했고, 이내 새로운 사업을 시작하셨다. 하지만 잘 될 것 같던 사업 역시 IMF로 타격을 입으며 회생 불가능 상태가 됐다. 이후에는 중국에 건너가서 무엇을 하고 사셨는지 모르겠지만 약 2년간 계시다가 오셨다. 선배는 어머니가 얼마나 힘들어했는지 봐왔기 때문에 아버지에 대한 원망이 컸다. 차라리 이혼하라고 여러 차례 권했지만, 어머니는 절대로 안 된다고 하셨다.

명절에만 가끔 얼굴을 내비치던 아버지는 10년 전쯤에 드디어 집으로 돌아오셨다. 아이들이 벌써 훌쩍 큰 모습을 보며 막상 자신이 해준 것이 없다고 생각하니 답답하고 미안하다며 회한의 눈물을 흘리셨다고 한다. 진심으로 사과하는 모습을 보고 선배의 어머니뿐만 아니라 선배도 아버지에 대한 원망의 크기를 많이 줄일 수 있었다.

선배의 가족이 다시 화해하고 화목해지는 모습을 보면서 내 일처럼 기쁜 감동이 밀려왔다. 각자 원망만 하던 가족이 처음으로 똘똘 뭉쳐서 새 가족으로 탄생한다는 것은 쉬운 일이 아니다. 나는 서로에게 다가가서 마음을 열어줄 열쇠가 가족 구성원 개개인의 손에 다 들려 있다고 생각한다. 누가 먼저 그 열쇠를 사용하느냐만 남아 있을 뿐이다.

진 웹스터의 《키다리 아저씨》에서 주인공 주디는 고아다. 어느 날 원장 선생님의 호출로 원장실로 향하던 도중에 한 후원자의 기다란 그림자를 보게 됐다. 그래서 주디는 그 그림자의 주인공을 '키다리'라고 생각한다. 원장 선생님은 방금 나간 사람이 후원자라고 알려준다.

내게 가장 큰 후원자는 얼굴을 모르는 남이 아니다. 바로 가족이다. 모든 가족이 특별하지만, 이모부는 조금 더 특별한 분이다. 우리 엄마와 나이가 비슷하신 이모부는 그 나잇대의 어르신들이 그렇듯이 조금 무뚝뚝한 성격이다. 얼굴도 까만 편이고 웃음기 없는 분이라 더욱 그렇게 보인다. 하지만 속정이 깊다.

아빠가 돌아가시고 난 후에는 명절 때마다 할아버지 댁에 가는 게 힘든 일이 되었다. 경기도라고는 하지만 우리 집에서 대중교통을 이용해서 가면 차가 막히지 않을 때도 세 시간이 넘게 걸린다. 명절 때는 항상 차가 밀려서 더 오래 걸렸다. 당시 나와 동생은 아직 어렸다. 엄마가 우릴 데리고 다니시기가 여간 힘든 일이 아니었을 것이다. 이때 키다리 아저씨처럼 우리를 도와주신 분이 이모부였다. 어느 날인가부터 매년 명절에 우리를 데리러 와서 할아버지 댁에 데려다 주었다.

한 번은 할머니가 너무나 고마워하시며 이모부랑 이모한테 들어왔다 가라고 하셨는데, 데면데면하더니 한사코 그냥 가셨다. 어렸을 때는 왜 그냥 가셨을까 생각했지만, 조금 더 자라고 보니 사돈 관계만큼 어렵게 느껴지는 것이 없다는 것을 알았다. 처형의 사돈이니 굉장히 멀게 느껴졌을 것이다.

그런데도 이모부는 늘 우리를 친할아버지 댁에 데려다 주셨다. 시간적 여유가 있을 때에는 우리를 할아버지 댁에서 다시 외가로 데리고 가기도 하셨다. 심지어 친할아버지 댁에서 농사를 지으시던 때는 우리를 대신해서 쌀도 가져다주셨고, 외가에서 우리 집에 고기나 그릇을 보낼 때도 항상 기사 역할을 해주셨다. 생각할수록 정말 감사하고 또 감사한 일이다.

가족이 그 누구보다도 소중하고 아껴줘야 할 존재라는 것은 잘 알고 있지만, 이러한 마음을 가슴에 새기고 지내는 날은 별로 없다. 원망하면서도 사랑하고 사랑하기에 더 아플 수 있는 존재라는 것을 알고는 있지만 의식하기 쉽지 않다. 늘 공기처럼 물처럼 함께하기에 인식 자체가 어려운 것이다. 책을 읽으며 나는 무엇을 가슴에 품고 살아야 하는지 알게 됐다. 오늘 내 가슴에 무엇을 품어야 할지 잘 모르겠다면 책 속에서 그 실마리를 찾아보길 바란다.

09

길을 잃어야
길을 알게 된다

헨리 데이비드 소로는 《월든》에서 자신의 후회 없는 선택과 인생에 대해 다음과 같이 논한다.

> 나는 인생을 내 뜻대로 살아보고 싶어 숲으로 갔다. 삶의 본질적인 요소들에 정면으로 맞닥뜨린 채, 삶이 주는 가르침을 배울 수 있는지 알아보고 싶었다. 나중에 죽음을 맞이하게 됐을 때, 헛되이 살지는 않았다고 생각하고 싶었다.

뜻대로 살기 위해 길을 떠난 사람들은 생각보다 많지 않다. 사람들은 보이지 않는다고 해서 길이 없는 것은 아니며, 길이 없다고 해서 길이 아닌 것은 아님을 잘 알지 못한다. 항상 눈에 잘 보이는 길

하루 10분, 하루 한 뼘

만 걸어왔기 때문이다. 보이는 길은 쉬운 길이다. 어떻게 가야 하는 것인지 물을 수도 있고, 도움을 받을 수도 있는 일이기에 마음이 편하긴 하다. 남들이 이미 닦아놓은 길에서는 그렇게 큰 사고도 없고, 남들과 같은 길을 간다는 것은 눈치를 볼 필요도 없어서 마음 편한 일이다.

하지만 자기가 길을 개척하는 것은 이미 나 있는 길을 걷는 것과는 완전히 다르다. 자신이 전적으로 길을 만들어야 하고 방향도 설정해야 하기 때문에 위험이 따른다. 조언을 구하기도 쉽지 않고, 가는 길에 어떤 난관이 있을지도 알지 못한다. 또 어떤 문제점들은 전적으로 혼자 고민해서 결정해야 할 때도 있다. 새로운 길을 떠나려는 사람들은 주변의 부정적인 말까지도 감내해야 한다. 가려는 길이 힘든 길이라는 것은 본인이 누구보다 잘 알고 있는데도 그들은 다른 사람들이 이미 걸어온 길을 가라고 끊임없이 유혹한다. 하지만 스스로 자신의 길을 만들어간다는 것은 무엇보다 매력적인 일이다.

새로운 길을 개척한 사람 중에 스티브 잡스를 빼놓을 수 없다. 양부모 아래서 자란 그는 명문 리드대학에 입학했으나 6개월 만에 중퇴하면서 힘든 생활을 할 수밖에 없었다. 친구네 방에서 자고, 먹을 것을 위해 콜라병을 반납해 5센트를 모았는가 하면, 한 사원에서 일주일에 한 번 주는 식사를 얻어먹으려고 11킬로미터를 걸어가기도 했다. 남들 보기에 이해가 안 되는 이런 힘든 시간을 보내면서도 그는 우주를 깜짝 놀라게 해주겠다는 꿈을 포기하지 않았다. 마침내 그는 1976년 '컴퓨터 천재' 스티브 워즈니악과 양부모의 집 창고에서 애플을 창업하는 모험을 감행했고, 이듬해 개인용 PC 애플II를 내놓아 성공을 향해 거침없이 나아갔다. 그렇지만 서른 살 때인 1985년 자신이 영입한 CEO 존 스컬리와 이사회에 의해 쫓겨나는 아픔을 겪어야 했다.

그런 시련 속에서도 그는 결코 좌절하지 않았다. 오히려 시련 속에 숨어 있는 인생의 교훈을 배웠다. 그는 대학을 중퇴한 뒤 서체에 매혹되어 열심히 강의를 들었으며, 이를 바탕으로 이후 아름다운 전용 서체를 가진 최초의 컴퓨터 매킨토시를 탄생시켰다. 그는 또, 애플에서 쫓겨난 것이 인생에서 최고의 창의력을 발휘할 수 있도록 해준 일생일대의 사건이라고 일갈했다. 심지어 췌장암 선고를 받고 죽음에 직면했을 때에도 '죽음은 삶이 만든 최고의 발명품'이라는 긍정적인 사고로 아이폰과 아이패드 신화를 일구어냈다.

그는 2005년, 미국 서부 명문인 스탠퍼드대학교 졸업식에서 다음과 같은 연설을 했다.

"1970년대 중반은 내가 여러분 나이 때였습니다. 애플 최종판의 뒤쪽 커버에는 이른 아침 시골길 사진이 있었는데 모험을 좋아하는 사람이라면 히치하이킹을 하고 싶어 할 그런 길이었죠. 그 사진 밑에는 다음과 같은 말이 있었습니다. '늘 갈망하라, 여전히 우직하게.' 그리고 저는 항상 그렇게 살기를 원했으며 이제는 새로운 시작을 위해 졸업하는 여러분도 그렇게 살기 바랍니다. 늘 갈망하라,

64

그리고 우직하게."

학생 때에는 성적을 잘 받는 아이들이 부러웠다. 대체 하루에 몇 시간을 공부해야 저런 성적을 얻을 수 있는지 정말 궁금했다. 다니는 학원이 어딘지 묻기도 했다. 그런데 다른 한편으로, 공부는 하지 않고 독특한 취미생활을 즐기거나 딴짓을 하는 친구들이 있었다. 한 친구는 전문적으로 인형 옷을 만드는 일을 하고 싶다면서 디자인을 배우러 다니느라 바빴다. 어떤 친구는 공부는 자신의 적성이 아니라며 장사를 할 것이라고도 했다. 어른들이 보기에는 그야말로 일탈행위와 같은 꿈을 꾸고 있었다. 어쩌면 당시 그런 꿈들을 어른들에게 말했다면 공부나 더 하라는 소리밖에 듣지 못했을 것이다.

자신의 꿈이 확고한 사람들은 누구나 생각하는 길을 걷지 않는다. 그 길에서는 자신의 남다른 생각과 독특함을 꽃피울 수 없다는 것을 일찌감치 깨우치고 있기 때문이다. 그래서 기꺼이 박차고 나와 스스로 길을 내는 데 큰 기쁨과 보람을 느낀다. 그들은 오늘도 절실한 마음을 담아 "이것이 아니면 죽음을 달라!"라고 외치듯 살아 있는 표정으로 하루하루를 보낸다. 지나가는 시간이 너무 아쉬운 듯 자기 일에 매달리며 일분일초를 아껴가며 산다.

살면서 가장 아쉬웠던 점 중 하나는 이렇게 꿈꾸는 삶을 사는 사람들이 사회생활을 한참 한 후에나 내 눈에 띄기 시작했다는 것이다. 그들은 오늘도 다른 어떤 사람들보다 더 생기 있는 눈빛으로 의미 있는 인생을 그려가고 있다. 이들에게는 남들의 시선 같은 건 전혀 문제가 되지 않는다. 성공이든 실패든 이미 다 짊어질 준비가 되어 있기 때문에 주변의 쓸데없는 평가가 귀에 들어오지 않는 것이다.

사람들은 가끔 너만의 길을 개척해서 자신만의 지도를 만들라고 말한다. 그런데 나는 '잘못 든 길'로 가는 어른들을 주변에서 본 적이 거의 없다. 자신만의 인생 지도를 그리며 살아온 어른들이 별로 없는 것이다. 가끔 TV나 라디오 방송에서 다른 사람들은 생각지도 못했던 길을 가는 '기이한 사람'을 접했을 뿐이다.

내가 어른이 되고 나니 어른들의 길이 조금씩 이해가 되기 시작했다. 길을 잘못 든다는 것 자체가 어려웠다. 어른들은 이미 한 길에 들어서서 한참을 달려온 사람들이다. 그 길 이외에 다른 길을 개척할 엄두가 나지 않는다. 아니, 다른 길을 기웃거릴 생각조차 하지 못한다. 나이, 가족, 현실, 돈 모든 게 걸린다.

지금 어른들이 가고 있는 길은 보통 이미 만들어진 길이다. 잃을 길이 없다. 이는 새 길을 개척할 필요도 없고, 이 길이 맞는지 고민해볼 필요도 없다는 뜻이다. 물론 대부분의 어른 역시 자신의 의지로만 그 길로 들어섰던 건 아니다. 그들도 그 윗세대가 만든 길 위에 자연히 서게 된 것뿐이다. 그래도 그 길을 달리는 동안 나름대로 노력을 기울였고 적지 않은 것들을 이루었다. 또 많은 사람이 그 길을 가고 있기 때문에 맞는 여정이라고 생각해왔다. 하지만 어렴풋이 알고는 있다. '이 길이 꼭 전부는 아닌 것 같은데….'

가끔 자신이 지나온 길이 안정된 길이 아니었음을 자인하는 어른들도 있다. 예전에는 좋은 대학 나와서 좋은 기업에 취직하며 사는 것이 가장 옳은 일인 줄 알았고, 스스로도 대로를 걸어가고 있노라 자부하기도 했다는 것이다. 그런데 지금은 그 길을 자식들에게 똑같이 가라고 말할 수가 없다고 고백하기도 한다.

이런 분들은 "나는 못 했지만, 너는 지금이라도 네 마음대로 해봐"라고 말씀하신다. 나만의 지도를 만들라고 지금에야 말씀하신다. 그러면 잠시 원망이 들 때도 있다. '아, 그런 말씀은 좀더 일찍 해주셨어야죠!'

그렇지만 지금이라도 알려주시니 얼마나 고마운 일인가.

· 2장 ·

서른엔
뭐라도 돼 있을 줄
알았어

초콜릿이
더는 달지 않은 이유

　세상이 온통 달콤할 때가 있다. 밀크 초콜릿보다 더 달콤해서 온몸이 간지럽고 하늘로 박차고 올라갈 수 있을 만큼 마음이 가벼워지는 때. 바로 연애가 시작될 때다.

　좋아한다, 사랑한다는 그 감정 하나만으로도 세상이 핑크빛으로 보이고 모든 일에 낙천주의자가 된다. 비가 오는 날도 거리를 함께 거닐 수 있으니 예전만큼 싫지 않고, 우산을 함께 쓸 수 있어 오히려 기다려지기까지 한다. 꽉 막히는 도로에 갇혀 있어도 둘이 함께라면 전혀 짜증스럽지 않다. 밀크 초콜릿 한 조각 떼어내어 '나 한입 너 한입, 너 한입 나 한입' 서로 달달한 말들을 먹여준다. 그러면 분위기는 한층 더 달콤해진다. 하지만 현실이 되면 달콤함도, 따뜻함도, 부푼 가슴도 모두 사라지고 만다. 달콤한 초콜릿을 나눠줄 여유 따위 더는 없다.

얼마 전 일이다. 친하게 지내는 동생이 늦은 밤에 전화를 걸어왔다. 전화를 받는 순간, 왠지 그녀가 남자 친구와 관련된 이야기를 하고 싶어서 전화한 것 같다는 느낌을 받았다. 아니나 다를까.

"헤어졌어! 우리."

남자 친구와 헤어졌다는 말을 담담하게 하는 그녀는 구체적이진 않지만 내년에 그와 결혼할 예정이었던 터라 좀 당혹스러웠다. 그녀의 남자 친구는 꽤 성실한 편이었다. 직접 만나서 이야기를 나눈 적이 있었는데, 집이 넉넉하지 않아서 학자금 대출로 대학을 졸업했고 지금은 성실히 일하면서 갚아나가고 있었다. 학창 시절에도 과외나 학원 강사로 뛰면서 누구보다 최선을 다해 살아왔다. 나는 그가 어디에도 기대지 않는 생존력 강하고 좋은 사람이라고 생각했다.

그녀의 말에 따르면 남자 친구는 현실적인 상황 때문에 더는 만날 수 없다고 하며 이별을 선언했다고 한다. 현재 직장의 월급은 터무니없이 낮고, 연봉이 높은 기업으로 이직하고자 열심히 준비했지만 번번이 고배를 마셨다. 미래가 불안해지기 시작하고, 한 집안의 가장으로는 도저히 살아갈 수 없다는 생각이 머릿속에 꽉 차자 여자 친구의 존재가 부담으로 다가왔던 것이다. 괜히 자기 같은 남자 만나서 같이 힘들어지는 것은 아닌지 두려웠다고 고백하는 그에게 그녀는 현실의 벽에 부딪히면 같이 헤쳐나가자고 했다. 그렇지만 그는 끝내 몸을 가누지 못하며 떠나간 것이다.

　현실이 되면 많은 것이 쓰디쓴 맛을 내게 된다. 돈은 가장 실질적인 문제가 되고, 그에 따른 자신감 상실, 미래의 불투명성은 옵션이 된다. 그런데 꼭 돈만 문제가 되는 것은 아니다. 때로는 만날 수 있는 날이 손에 꼽을 정도라는 섭섭함 때문에 헤어지기도 한다.

　큰 외국계 회사에서 근무하는 남자 친구를 둔 한 지인은 작년까지만 해도 만날 때마다 남자 친구 이야기뿐이었다. 온통 달콤한 핑크빛 이야기에 나는 건성으로 대답하곤 했다. 나는 지인들과 만났을 때 남자 친구와 관련된 이야기를 먼저 꺼내지 않는 편이다. 나와 마주 보고 앉아 있는 상대의 근황이 궁금한 것이지, 한 번도 보지 못한 그녀의 남자 친구가 궁금한 적은 없었다. 상대도 나와 같은 생각을 할 것이라고 여겼는데, 그녀는 그렇지 않은 모양이었다. 시종일관 남자 친구가 그녀 이야기의 전부였다. 그래서 솔직히 어쩌다 한 번 만나는 것이었지만 그리 재미있는 시간을 함께했다고 생각해본 적이 없다. 그런 그녀의 이야기에 그날따라 귀를 기울이고 싶어졌다.

　그녀의 고민은 매일 바쁜 이 남자를 어떻게 해야 하느냐는 것이었다. 처음에는 자신도 이해를 하려고 노력했다고 한다. 그렇게 큰 회사에서 월급 공짜로 주는 것은 아니니 그럴만 하다 싶고 자랑스럽게 생각될 때도 분명히 있었다고 했다. 그녀 역시 여러 취미생활을 즐기며 바쁜 축에 속하는 사람이라 어떤 때는 차라리 잘됐다고 여기기도 했다. 그러나 기념일은 고사하고 생일도 잊고 지나치자

　　　　　　　　　　　　　하루 10분, 하루 한 뼘

섭섭함이 밀려들더라고 했다. 하지만 어쩌랴, 별 보고 출근해서 별 보고 퇴근하는 그 남자를 택한 것은 그녀였는데.

한 번은 다음 날이 토요일이니 조금 일찍 퇴근해서 오래간만에 영화라도 보면 안 되겠느냐고 물었다고 했다. 남자 친구는 부장님이 보통 아홉 시에서 열 시쯤 퇴근하시는데, 먼저 나와서 찍히고 싶지는 않다고 했단다. 그리고 그녀의 일터와 그의 회사 간에 거리가 멀어서 아무리 중간에서 만난다고 해도 평일에 왔다 갔다 하면 녹초가 된다고 했다. 이제 사귄 지 1년도 넘었으니 조금 이해해달라는 말에 지인은 사랑이 식은 것이냐며 화를 냈다고 한다. 이제는 한 달 내내 보지 못하는 달도 있다면서, 기념일이란 게 만나서 함께한 날수가 아니라 첫 만남 이후 그냥 지나간 날짜로 세는 거냐고 내게 물었다.

삼포 세대의 전형을 보여주는 그 동생의 남자 친구는 나름대로 미래를 꿈꾸기가 힘들어서 동생과 헤어지지기로 했지만, 남들이 보기에 풍족한 연애를 하고 있는 지인 역시 회사에 속박되어 한 번 보기도 힘든 남자 친구 때문에 늘 울상이었다. 대체 밀크 초콜릿 같은 달달한 연애를 하는 행복한 사람들은 다 어디로 간 걸까?

사람들은 연애에 골머리 썩기 싫어서 좀더 쉬운 '썸'을 타기도 한다. 썸이란 어떤 이성 친구를 사귀는 것은 아니지만 그 비슷한 관계를 맺어나가는 단계를 가리키는 말이다. 보통은 상대가 아무리 마음에 들어도 처음부터 서로 다가가지 않고 적당히 거리를 유지하며 긴장감의 짜릿한 묘미만을 즐기려 한다. 썸을 타면 일단 심심하지 않다. 연애 초기 느낌 비슷한 긴장감으로 삶에 활력소가 된다. 연락할 사람이 있다는 기분도 나름대로 괜찮다. 돈과 노력을 들이지 않아도 연애의 기분을 마음껏 만끽할 수 있다. 어느 정도 책임이 수반되는 연애로의 발전은 이루어지지 않을 꿈으로만 계속 남겨둔다. 하지만 발전될 가망이 없는 관계는 금방 종지부를 찍게 되어 마음에 공허함만 가득 남게 될 뿐이다.

친한 동생과 지인, 이 두 사람 모두 내게 자신들의 연애에 관한 이야기를 풀어놓은 이유가 내게 어떠한 조언을 구하기 위해서는 아닐 것이다. 사실 조언을 해줄 수 있는 문제도 아니었다. 그저 "힘내, 그 사람의 사정을 너만큼 아는 사람은 없잖아"라는 게 내 대답의 전부였다.

씁쓸했던 것은 이들이 내게 들려준 이 연애담들이 단순한 연애담처럼 들리지는 않는다는 사실이다. 그 이면에는 혼자서는 도저히 어찌 해볼 도리가 없는 현실이 떡 버티고 서 있다. 현실이라는 벽 앞에 서본 사람은 그 벽의 크기에 압도당하고 만다. 도저히 넘어설 수 없을 것 같은 그 벽 앞에서 한없이 작아지고 초라해진다. 이제 현실에서는 사랑도, 이상도, 또는 그 어떤 것도 바랄 수 없게 된 것은 아닌지 씁쓸하기만 하다.

사람들은 현실 세상에서 달콤한 초콜릿 같은 연애는 없다고 말한다. 이런 연애는 한낱 꿈일 뿐이라고. 나도 이 말을 부정할 생각은 없다. 하지만 세상이 어렵고 힘들기 때문에 주변에 함께할 수 있는 누군가가 필요한 것이다. 항상 내 편이 되어주고, 힘들지만 내 손을 따뜻이 잡아주는 존재야말로 우리가 이 쉽지 않은 세상을 살아가는 데 반드시 필요한 사람이다. 밀크가 조금 덜 섞인 초콜릿도, 100퍼센트 다크 초콜릿도 모두 초콜릿이다. 그러니 그 누구도 아직은 현실이라는 이름으로 다양한 초콜릿의 맛을 포기하지 않길 바란다면 내 욕심이 큰 걸까.

포기라는 놈을
포기 못 했네

　사람들이 어른이 되는 과정 중에 배우는 것이 하나 있는데, 그것
은 바로 포기하는 것이다. 결심한 일을 하지 못한다거나, 힘이 든
다는 이유로 포기하는 일은 비일비재하다. '시작이 반'이라고는 하
지만 시작했다가 포기하는 일은 더욱 많다. 그래서 '포기'를 포기하
지 못하면 그 시도 역시 무의미할 뿐이다.

　나 역시 많은 것을 포기하고 살았다. 고등학생 때에는 공부를 포
기했다. 중학교 때는 곧잘했지만, 고등학생이 되어서는 중학교 때
만큼의 열정을 쏟지 않았다는 의미에서 포기라고 할 수 있다. 그렇
다고 걷잡을 수 없는 방황의 길로 들어선 것도, 실컷 놀러 다닌 것도
아니었다. 노는 것도 포기하고 공부도 포기한, 참으로 어정쩡한 학
창 시절을 보냈다. 차라리 실컷 놀기라도 했다면 그 무용담이 모교

에 아직까지 전설처럼 남아 있을지도 모를 일이고, 공부를 중학생 때처럼 했다면 더 좋은 성적을 받았을 것이다.

어찌 보면 세상이 포기하라고 강요하는 것 같기도 하다. 학생들은 어른들이 시키는 공부를 하느라 자신의 생각과 기호가 무엇인지 찾기를 포기한다. 사회인이 되고서는 자신의 생각, 의견과 성격, 행동까지 모든 것을 틀에 맞춰야 한다. 그래서 자신의 고유한 특성과 개성을 포기하게 된다. 사회에서 '나'라는 한 개인은 중요치 않고 오로지 조직만 존재한다.

내가 가장 안타깝게 생각하는 것 중 하나는 마음속에서 이미 취직을 포기한 것이었다. 한국에서의 취업이 생각보다 어렵고 힘들게 되자 난 여기까지밖에 올 수 없다고 자포자기했다. 이력서를 끊임없이 넣고 면접을 보긴 했지만, 마음은 자꾸 움츠러들었다. 남들은 1년 이상 2년까지도 온 힘을 다해 굴지의 기업에 들어가는데 나는 이미 마음에서 안 될 거라고 포기한 후에 도전했다. 그래서 내 100퍼센트의 에너지를 쏟아 부을 수가 없었다. 모든 에너지를 쏟지 않았던 내가 사람들이 선망하는 회사에 들어갈 수 없는 건 예견된 결과였다.

하지만 열심히 한다고 부딪쳐보던 시기여서 마음은 많이 초조했다. 계속 이력서만 넣고 있을 수도 없는 일이었다. 취직이 좀 빨리 될 수 있는 직종이 무얼까 생각하다가 중국어 강사가 됐다. 가르치는 일이 싫지는 않았다. 때때로 수강생들에게 잘 가르친다는 말을 직접 들으면 기분도 좋았다. 하지만 마음의 공허감은 계속됐다. 나는 그것이 내가 전공과 다른 일을 하고 있기 때문이라고 판단했다. 전공을 살리자고 결심하고 무역 업무를 볼 수 있는 회사로 자리를 옮겼다. 첫 회사는 알고 보니 내 책상과 의자도 없는 체계가 잡히지 않은 회사였다. 그래서 몇 달 후에 퇴사하고 곧바로 다른 두 회사에 지원하여 둘 다 합격했다. 그중 나중에 합격통보를 받은 회사에 들어가서 재미있게 일을 시작했다. 하지만 1년쯤 됐을 때 회사 경영난으로 권고사직을 당했다.

'먼저 합격했던 회사에 들어갈걸.'

사실 먼저 합격했던 회사에 가겠다고 구두 약속을 해놓은 상태였다. 그래서였는지 그 회사는 내가 제시한 연봉보다 더 올려주기로 했다. 그런데 막판에 내가 나중에 합격한 회사로 가겠다고 마음을 바꾼 것이다. 권고사직을 당하고 보니 그 일에 대해 깊은 후회가 밀려왔다.

짐을 챙겨 나오는 날, 나를 스쳐 지나가는 모든 사람이 괜히 미웠다. 저들은 나보다 더 잘나가고 잘 살고 있는 것 같은데, 나만 그렇지 못한 것 같아 눈물이 흘렸다. 혼자 외딴 섬 주변을 흐르는 강물 위에서 빙빙 헤엄쳐 돌고 있는 한 마리의 미운 오리 새끼가 된 느낌이었다.

리처드 바크의 소설《갈매기의 꿈》에 보면 이런 말이 있다.

다른 갈매기들은 먹이를 찾아 해변으로 떠났다. 다시 돌아오는 것 이상의 것에 신경 쓰지 않았다. 그들이 중요하게 여기는 것은 나는 것이 아니라 먹는 것이었다. 하지만 조나단 리빙스턴에게는 먹는 것이 아니라 나는 것이 중요했다. 무엇보다 그는 나는 것을 사랑했다.

현재의 삶에서 가장 소중한 가치가 무엇인지 알고 있는 것, 가고자 하는 길의 방향을 결정하는 것은 매우 중요하다. 자신에게 어떤 것이 중요한지를 정확히 알고 스스로 정한 방향대로 가고 있는 사람들은 늘 깨어 있는 사람들이다. 이들은 도중에 생기는 갖가지 문제를 푸는 데에도 누구보다 적극적이다. 또한 그 속에서 기필코 무언가를 배우려 하는 진취적인 태도를 보인다. 즉 삶의 모든 주도권이 이들 자신에게 있다.

생각해보면 나는 무작정 취직 준비에 뛰어들었다. 직업에 대해 정립된 가치관이나 내 미래와의 연관성 등에 대해서는 생각지 못했다. 다른 갈매기들처럼 먹는 것만 중요하다고 생각했기에 가고자 하는 방향도 잃고 취업으로 이루고 싶은 꿈도 꾸지 못했다. 꿈과 방향이 없는 상태에서는 어떤 좋은 기회가 눈앞에 펼쳐져도 알아차리지 못하고 흘려버리는 경우가 많다.
나에게도 드디어 괜찮은 기회가 찾아왔다. 울산에 있는 대기업이었다. 서른을 앞두고도 큰 회사에 취업할 수 있다니 뛸 듯이 기뻤다. 처음에는 '나도 갈 수 있구나!' 하는 마음으로 마냥 들떴다. 그런데 이내 마음에 갈등이 생겨 침울해졌다.

유학하는 4년의 시간 동안 나는 나 자신이 외로움을 잘 안 타는 사람이라고 생각했다. 그도 그럴 것이 성적도 좋았고, 기숙사 내에 친구들도 많았다. 어떤 때는 내가 외로움을 아예 느끼지 못하는 사람인 것 같았다. 하지만 울산에 내려가서 일하고 정착하는 모습을 상상하는 순간, 외로움이 밀려왔다. 공부는 기약이 있으니 마치면 다시 돌아올 수 있겠지만, 일하러 내려간 이상 평생 울산에서 살아야 할지도 모른다는 생각에 눈앞이 캄캄해졌다. 상상하는 그 짧은 순간만으로도 이렇게 깊은 외로움이 밀려오는데 실제로 내려가면 어느 정도일까. 나는 내가 버티지 못할 것 같았다. 그리고 영어를 잘 구사하는 사람을 원하는 것 같아 마음에 걸렸다. 내 영어 수준은 중국어만 못하다는 사실이 내 갈등의 종지부를 찍어주었다. 포기하기로 한 것이다.

대기업에서 일할 수도 있었다는 것이 나의 자신감을 잠시나마 살려줬지만, 서울에서 그만한 곳에 취업한다는 것은 무척 힘든 일이었다. 그 후 약 2년 동안은 후회의 연속이었다.

'그때 간다고 하고, 영어에 한번 죽기 살기로 매달렸다면 어땠을까? 나 영어 좋아했잖아. 울산에 내려갔어야 했어. 내가 미쳤었나 봐.'

하지만 이때 내가 했던 후회도 꿈을 펼칠 기회를 스스로 차버린 것에 대한 후회가 아니었다. 그저 월급 많이 주는 회사를 포기했다는 사실에 대한 후회였다.

앙드레 말로는 "오랫동안 꿈을 그리는 사람은 마침내 그 꿈을 닮아간다"라고 했다. 그의 말대로 진작부터 꿈을 그렸어야 했는데,

하루 10분, 하루 한 뼘

나는 꿈도 회사도 모두 마음속에서부터 먼저 포기를 그리고 있었다. 포기를 그리는 사람이 현실에서 포기를 만나기란 어려운 일이 아니다. 포기할 생각만 하니 모든 일이 약속이나 한 것처럼 포기할 수밖에 없는 상황으로 흘러간다.

그동안 지레 겁먹고 포기해서 입사하지 못한 회사, 조금만 용기를 냈어도 할 수 있었던 경험들을 떠올려보았다. 그때 그것들을 포기하지 않았다면 지금 어떻게 살고 있을까를 생각해보았지만, 잘 떠오르지 않았다. 내 나름대로는 당시 상황에서 최선의 선택이었다고 생각했지만, 시간이 지나고 보니 이 모든 것은 선택 후에 나 자신을 합리화한 말들뿐이라는 것만 확실히 알았다. 소중한 20대 후반부에 이렇게 많은 '포기'가 있었다는 것이 입맛을 씁쓸하게 할 뿐이었다.

머피의 법칙
뒤집기

'친구들과 미팅을 갔었지. 뚱뚱하고 못생긴 애 있길래 와 쟤만 빼고 다른 애는 다 괜찮아 그러면 꼭 개랑 나랑 짝이 되지. 내가 맘에 들어 하는 여자들은 꼭 내 친구 여자 친구이거나 우리 형 애인, 형 친구 애인, 아니면 꼭 동성동본 세상에 어떻게 이럴 수가 나는 도대체 되는 일이 하나 없는지'

돈도 싫고 명예도 싫다고 외치던, 1990년대에 꽤 잘나가던 그룹 DJ DOC의 멤버 창렬, 하늘, 재용에게는 단 하나의 소원이 있었으니 '제발 오늘 하루는 원치 않는 일들이 줄줄이 터지지 않는 것'이었다.

무언가가 자꾸만 어긋나는 날이 있다. 좋은 뜻으로 한 말을 상대방이 잘못 받아들여 오해를 산다거나, 도와주려고 했던 행동이 오히려 상대를 불편하게 하는 그런 날 말이다. 한마디로 내 뜻과는 정반대의 일이 일어나는 날엔 처음부터 끝까지 배배 꼬여서 어디서부터 풀어나가야 할지 머리가 지끈거린다. 우리는 이것을 '머피의 법칙'이라고 부른다.

머피의 법칙은 미국의 공군기지에서 근무하던 머피 대위가 처음 사용한 말로 알려져 있다. 즉 자신의 이름을 딴 경험법칙인 것이다. 당시 조종사들에게 전극봉을 이용한 실험에서 모두 실패한 후 그 이유를 알아내기 위해 조사에 착수했다. 알고 보니 한 기술자가 배선을 제대로 연결하지 않아서 전극봉의 한쪽 끝이 모두 잘못 연결되는 바람에 실험이 실패할 수밖에 없었던 것이다. 그 뒤 머피의 법칙이라는 말은 꼬인 일이 좀처럼 풀리지 않고 오히려 갈수록 더 꼬이기만 해서 되는 일이 하나도 없는 경우에 사용되기 시작했다.

어김없이 출근하던 어느 날이었다. 버스에서 내려 지하철로 갈아타려고 횡단보도로 부리나케 뛰어가는 중이었다. 그때 한 아주머니와 부딪혔다. 서로 반대방향으로 열심히 달리다가 종종 생기는 일이기에 "죄송해요"라고 의례적으로 인사를 하고 발걸음을 옮겼다. 보통 이런 경우 바쁜 아침 시간인 데다가 어느 한쪽이 잘못했다고 하기 어려운 일이라 서로 그렇게까지 기분 나빠 하지는 않는다. 그러나 그날은 예외였다. 신호등이 바뀌어 막 건너고 나서 지하철로 재촉하는 내 발걸음과는 달리 내 뒤통수가 계속 무언가에 잡아당겨지는 느낌이 들었다. 무심코 뒤돌아보니 나와 부딪혔던 그 아주머니가 계속 서서 나를 노려보고 있었던 것이다.

'나를 쳐다보고 있었던 거야?'

순간 소름이 확 돋았다. 무시하고 고개를 돌려 내 갈 길을 가려고 하는 찰나, 아주머니는 그 멀리서 주먹을 쥐고 나를 한 대 쥐어박는 시늉을 해 보였다. 정말 황당하기 그지없는 일이었다. 나도 똑같은 제스처를 취하려고 잠시 생각했지만, 똑같은 행동으로 똑같은 사람이 되기는 싫어서 걸음을 재촉했다. 지하철 안에서도 기분이 계속 풀리지는 않았지만, 가방 안에 있는 책을 꺼내 읽으며 나를 달랬다.

'혹시 내가 죄송하다고 한 말을 못 들은 거 아니야? 암만 그래도 그렇지 똑같이 잘못한 일로 그렇게까지 할 건 뭐야?'

회사에서 이 일을 잊고 바쁘게 몇 시간을 보냈다. 오후에 한 업체의 담당자에게 전화가 왔다. 부장님을 찾는 전화였다. "잠시만요" 하고 전화를 돌렸다. 그런데 전화가 이내 끊어졌다. 그리고 바로 벨이 울려 내가 또 먼저 전화를 받았다. 전화를 받는 것과 동시에 부장님의 목소리가 들려왔다.

"아, 내 전화야."

사실 그렇게 당황스러운 일도 아닌데, 전화를 받는 그 순간 내 머릿속에 들려온 부장님의 목소리만 기억날 뿐 사고가 약간 정지된 느낌이었다. 바꿔준다고 말도 않고 반사적으로 전환 버튼을 누른 것이다. 나는 짧게 '앗!' 하고 소리 냈지만 때는 이미 늦었다. 전화는 이미 돌아가고 그 거래처 담당자와 부장님은 통화 중이었다. 부장님과 내 자리가 가까워서 통화하시는 부장님의 목소리를 들을 수 있었다.

"아뇨. 네, 저한테 말씀하세요. 음… 네, 저한테 말씀하시면 됩니다. 제가 팀장이니까요."

방금 저 거래처 사람이 화난 목소리로 나를 바꾸라고 한 것이 분명하다. 그리고 부장님은 부하 직원을 감싸느라고 기분 나쁜 소리를 듣고 계신 것이다. 수화기 내려놓는 소리가 나자 부장님께 죄송하다고 말씀드렸다. 발생 경위에 대해서는 말하지 않았다. 내 실수가 맞고 변명처럼 들리는 것도 싫었다. 부장님은 "다음부터는 조금 친절하게 전화 응대하자"며 좋게 타이르셨다. 잠시 억울한 마음이 또 확 나를 당겼지만, 부장님이 크게 혼내시지 않아서 이 일을 마음속에서 크게 부풀리지 않았다. 만약 크게 혼났다면 정말 억울한 마음에 그날 남은 시간 동안 일을 손에 잡지 못했을지도 모른다.

다시 일에 열중하고 있는데, 바로 이 업체의 그 담당자에게 전화가 왔다. 목소리를 듣자마자 그분인 줄 알고 잔뜩 긴장했다. 그런데 아주 부드러운 목소리로 나를 찾았다. 그러고는 "저기…, 저한테 혹시 뭐 화나는 거 있으셨어요?" 하고 물어왔다.

의외의 질문에 나는 약간 당황스러웠지만 화나는 일은 없었다고 대답한 후에 전화를 바꿔드렸던 일에 대해서 자세히 설명했다. 그런데 두 번째 전화뿐만 아니라 처음 전화를 돌릴 때부터 "잠시만요"라고 한 내 대답을 듣지 못했다는 것이다. 전화가 들리지 않았던 이유는 현재 자기 회사 건물의 전화 상태가 전체적으로 좋지 않아서라고 했다. 결국 내 문제가 아니라 그쪽에 뭔가 문제가 있었던 것이다. 그리고 어제 자기가 바쁜데 전화하다 보니 그렇게 됐다고 우회적인 사과의 뜻을 밝히며 앞으로 항공 건 나갈 게 있을 때 잘 부탁드린다는 말도 함께 남겼다. 전날 이분과 처음으로 통화했는데, 생각해보니 갑자기 좀 민감하게 대응하시며 말한 부분이 있었다. 전날 발생한 일이어서 나는 정작 그 일은 까맣게 잊고 있었는데, 조금 전 일과 함께 그분은 나름대로 신경이 쓰이셨나 보다. 그 순간 이분이 참 고마웠다.

퇴근하고 돌아와 침대에 누우니 오늘 있었던 일들이 하나씩 떠올랐다. 그 순간의 억울한 기분도 함께 느껴졌다. 회사에서의 일은 잘 풀렸지만, 그래도 아예 그런 오해가 생기지 않았다면 내가 부장님께 사과할 일이 없었을 테니 더 좋았을 것이다. 마음을 달랠 무언가가 필요했다. 제인 오스틴의 《오만과 편견》을 집어들었다. 소설 속의 두 주인공 엘리자베스와 다아시의 첫 만남은 그리 유쾌하지 않다. 사소한 것들 때문에 오해가 생기기 때문이다. 러브 스토리이긴 하지만 이날 내가 소설 속에서 보았던 것은 두 주인공 사이에 발생한 크고 작은 '오해'들이었다.

이 소설과 함께 내가 그동안 오해 탓에 겪어왔던 크고 작은 일들이 떠올랐는데, 풀리지 못하고 남겨진 채로 지나온 일들이 많았다. 먼저 떠오르는 것은 대부분 내가 억울했던 기억들뿐이었는데, 어느 순간 나의 오해 때문에 눈물을 흘렸던 학창 시절의 같은 반 친구가 생각났다. 나로 인해 오해받고 서운했던 사람들도 분명히 있었는데 잊고 살아온 것이다. 나는 사실만 듣고 본다고 항상 자부해왔기 때문에 오해 같은 것은 안 하고 사는 사람인 줄 알았다. 그렇지만 내가 나를 한참 잘못 알고 있었다. 이렇게 내 잘못을 돌아보니, 내가 겪은 일은 그렇게 속상해할 만큼 큰일도 아니었다.

아까까지만 해도 같은 날 연타로 겪은 일로 속이 조금 상했는데, 이제 더는 그 일들이 타인의 오해가 빚어낸 '기분 나쁜 일'이 아니었다. 오히려 억울한 일은 항상 나한테만 생기고, 짜증 나는 일은 늘 내 옆구리만 쿡쿡 찔러온다는 내 '오해'를 깨뜨려준 고마운 '해프닝'이었다.

'언젠가는'이 아니라
'지금 당장'

셰익스피어는 그 옛날 《햄릿》을 통해 이렇게 말했다. "사느냐 죽느냐, 그것이 문제로다!"

그에겐 죽는 것과 사는 것 이상의 문제는 없었다. 하지만 나는 말했다. "하느냐 마느냐, 그것이 문제로다!"

햄릿과 나의 공통점은 고민은 많고 행동력이 약하다는 것이다. 햄릿이 나보다 나은 점은 이제 그런 고민을 할 필요가 없게 됐다는 것이다. 반대로 내가 햄릿보다 나은 것은 바로 지금 살아 있다는 것이다. 살아 있다는 것은 고민을 수반하지만 무엇이든지 할 수 있다는 가능성을 안고 있다. 단, 행동한다는 것을 전제로 말이다.

사람은 할 수 없다고 생각하면 정말 아무것도 할 수 없게 된다. '나는 할 수 없다'고 미리 생각하는 것이야말로 가장 큰 실수다. 하

하루 10분, 하루 한 뼘

지만 할 수 있다고 생각하면 자기도 모르는 새에 행동으로 옮길 때가 있다.

《당신은 드림워커입니까》의 저자 권동희는 작가와 강연가가 되기 전에 해운회사에서 열심히 일했다. 그곳에서 일하는 동안 그녀는 꽤 만족스러웠다. 월급으로 여가생활을 즐길 수도 있었고, 취미 활동도 할 수 있었다. 그리고 월급 일부를 떼어 저축하며 미래를 그려보기도 했다. '언젠가는 다 잘될 거야'라는 모호한 생각으로 현실에 안주하고 만족하며 지냈다. 그러던 중에 자신의 현재 모습은 자기가 그려왔던 모습이 아니라는 것을 깨닫게 됐다. 가난한 집에서 어렵게 살아온 그녀였기에 월급이 주는 안정감에 취해서 지금 하는 직장생활이 그녀에게 맞는지는 한 번도 생각해보지 못했던 것이다. 그러나 늘 이렇게 사는 것은 아니다 싶은 마음이 한구석에 자리하고 있었다. 그러던 중 그녀는 워킹 할리데이 프로그램을 보게 됐다. 그 프로그램은 그녀의 가슴을 뛰게 했다. 그녀는 외국에서 현지인들과 생활하며 영어를 배우고 싶어 했던 그 '언젠가'의 꿈을 '당장' 실행에 옮기기로 했다.

잘 다니던 회사를 그만두고 호주로 떠난다는 말에 친구들과 지인들은 만류했다. 포워딩 회사의 해상 파트 업무부는 해운회사와 자주 접촉한다. 그 때문에 나도 큰 해운사의 월급이 결코 적지 않다는 것을 익히 알고 있다. 주변 사람들이 그녀가 그런 좋은 직장을 그만둔다고 했을 때 왜 말렸는지 나로서도 이해는 갔다.

워킹 할리데이로 호주에 가기로 한 것은 그녀가 영어를 잘해서가 아니었다. 그곳에 가기 전까지 그녀는 '3인칭 단수'도 구별 못 하는 초보 수준이었다. 대담하게 떠나자고 결심하고 회사까지 관두었지만, 엄습해오는 두려움은 어쩔 수가 없었다. 그때마다 그녀는 영어를 모르기 때문에 제대로 배우기 위해 호주로 가는 것이지, 아는 사람이 왜 생고생하며 외국까지 가겠느냐고 스스로에게 동기부여를 하는 것도 잊지 않았다.

밑바닥에서 고생하고 직접 부딪쳐가며 유학생활을 성공리에 마치고, 그녀는 귀국해서 직장생활과 종로에 있는 한 학원의 영어 강사로 두 가지 일을 병행했다. 그리고 영어 공부에 매진하는 학생들에게 동기부여를 해주었다. 나아가 자기가 외국 유학을 꿈꾸는 학생들에게 좋은 롤모델이 되어야겠다는 새로운 꿈도 생겼다. 서른이 갓 넘은 지금은 책을 써내 작가의 직함을 추가했고, 그녀의 바람대로 동기부여가가 되어 많은 곳에서 자신의 스토리를 들려주고 있다.

친구들은 그녀가 유학을 간다는 말에 뒤늦게 유학 가서 영어 공부에 실패하고 후회만 잔뜩 하고 귀국한 사람을 소개해주거나 크게 실패한 경험담을 들려주면서 유학행을 만류했다. 하지만 그녀는 주변의 적극적인 만류에도 남들이 쉽게 행동으로 옮길 수 없는 일을 과감히 해냈다. 만일 그녀가 그때 주변의 말에 흔들려서 자기 역시 그들처럼 할 수 없다고 생각하고 돌아섰다면 지금은 과연 어떤 모습으로 살고 있을까? 어쩌면 여전히 직장에 다니고 있을 것이

하루 10분, 하루 한 뼘

다. 직장인으로 사는 것이 나쁘다는 뜻은 아니다. 다만 그녀와 어울리는 모습은 아니었다.

사람들은 가끔 고민에 고민을 거듭하고 결정해야 한다고 하지만, 생각하면 할수록 인생에는 안 되는 이유만 많아지고 하지 말아야 할 까닭만 늘어나는 때가 있다. 물론 고민도 하지 말고 바로 행동을 취하라는 뜻은 아니다. 신중한 계획과 결정은 늘 필요한 일이다. 하지만 과도한 고민이 행동으로 옮겨지는 경우는 거의 없다. 더군다나 서른 살이라는 나이 때문에 행동으로 옮기기가 더 힘들다면, 그것은 안타까운 일이다.

사람은 누구나 다 자기에게 맞는 '때'가 있기 마련이다. 서른은 결코 '이미 늦었어'라고 생각할 나이가 아니다. 오히려 스스로를 다시 정비하고 재도약을 꿈꿔야 한다.

A는 두 달 후 신부가 될 몸이었다. 한창 들떠서 얼굴도 예뻐졌다는 소리도 많이 듣고, 본인은 살 빼야 한다고 호들갑도 떨던 때였다. 하지만 정작 그녀의 얼굴에서는 어떤 기대감이나 설렘이 보이지 않았다. 애초 그녀는 지금 결혼을 해야 하는지 의문이었다. 하지만 남자 친구는 결혼을 원했고 그녀 역시 결혼 적령기라서 부모님들이 하루같이 결혼하라고 성화하는 바람에 결혼이 생각보다 빨리 추진됐다. 그녀는 끌려다니듯이 결혼 준비에 들어갔다. 한 번은 이건 아니다 싶어서 친한 친구 몇몇에게 고민을 털어놓았는데, 결혼을 앞두고 심란한 것은 신부의 특권이라고 부럽다는 말만 들었

다. 하지만 정작 본인은 그런 마음이 아니라는 것이 문제였다. 그녀가 내게 이 이야기를 꺼냈을 때 나는 이 문제는 누구에게 조언을 구할 사항은 아니라고 했다. 그러고는 마음이 뭐라고 이야기하는지를 잘 들어보라고 덧붙였다.

한 달을 남겨두고 그녀는 자신이 더 나이 먹기 전에 결혼해야겠다는 강박관념이 지나치게 심했다는 것을 알게 됐다. 그녀는 자신이 원하던 것이 '결혼'인지 '결혼식'이었는지를 명확히 판단해야 한다고 생각했다. 모든 것을 정리한 후 그녀는 최종 결단을 내렸다. 결혼을 하지 않기로 한 것이다. 약혼자와 부모님의 원망을 한 몸에 듣겠지만, 그녀는 자신의 결심을 말씀드리기로 했다. 부모님의 실망하는 모습을 보고 싶지는 않았지만, 자신이 행복하지 않았다. 며칠 후 약혼자와 먼저 상의를 하고 부모님께 파혼을 말씀드렸다. 약혼자보다는 오히려 부모님이 더 크게 노하셨다. 하지만 누구도 그녀를 예식장에 끌고 들어설 수는 없는 노릇이었다. 남자 친구는 다행히 그녀의 의사를 존중해주었고 조용히 헤어졌다.

이별했으니 조금은 침울해할 줄 알았지만, 그녀의 표정은 결혼 이야기가 나오기 이전과 다름없었다. 파혼하겠다고 하기까지 심적인 고민이 컸지만, 말하길 잘했다고 생각하고 있다. 내년에 서른두 살이 되는 그녀의 결정을 두고 어머니는 못내 서운한지 아직도 가끔 파혼을 거론하신다고 하는데, 그녀는 아랑곳하지 않고 있다. 그녀가 만약 계속 고민만 했더라면 두 달은 금세 지나고 어느새 결혼식 당일이 되어 신부 대기실에 앉아 있다가 도망치는 신부가 됐을

하루 10분, 하루 한 뼘

지도 모른다.

서른을 목전에 두고 있다면 그동안 여러 일을 통해서 이미 생각은 많이 했을 것이다. 생각만 하다가 흘려버린 시간이 아깝게 느껴지는 나이가 바로 서른이다. 그러니 이제는 생각을 정리하고 행동으로 옮겨보자. '그동안 내가 왜 이렇게까지 고민했지?' 하고 자기 머리를 한 대 쥐어박게 될 것이다.

05

늦었다고 하기엔
아쉬운 서른

《논어》〈위정편〉에는 다음과 같은 구절이 있다.

나는 15세가 되어서 학문에 뜻을 두었고(志學),

30세가 되어서 학문의 기초가 확립되었으며(而立),

40세가 되어서는 판단에 혼란을 일으키지 않았고(不惑) (…)

공자님 말씀처럼 서른에는 뜻이 확고히 섰으면 좋으련만 키만 늘여놓은 '어른아이'같아 아쉽기 그지없다. 어렸을 때는 서른이 되면 확고하게 자리를 잡고 있을 줄 알았다. 그도 그럴 것이 20대 초반에 서른 살을 생각하면 너무 멀리 있는 나이였다. 영원히 나에게는 서른이 오지 않을 것처럼 말이다. 서른 살 즈음에도 방황하고 있거나 미숙한 어른들을 보면 '나는 저렇게 되지 말아야지'라고 건방진 생각을 하기도 했다.

하지만 서른이 되어가니 그 어른들이 미숙했던 것이 아니란 것을 알게 됐다. 나는 더 실수투성이였고, 더 많은 잘못을 저질렀다. 꿈은 상실했고, 그저 어영부영 서른을 맞아 그 후에도 이런 상태가 지속될까 봐 두려웠다. 바로 눈앞의 미래조차 보이지 않았기에 내게 서른이 다가온다는 것을 생각도 할 수 없었다.

서른 살을 1년 앞두고 죽기로 했던 파견회사 직원 하야마 아마리는 《스물아홉 생일, 1년 후 죽기로 결심했다》에서 우연히 알게 된 한 할머니가 해준 조언을 우리에게도 들려준다.

"너희들 몇 살이라고 했지? 스물아홉? 서른? 요즘 여자애들은 서른만 넘으면 나이 들었다고 한숨을 푹푹 쉰다며? 웃기지 말라고 해. 인생 더럽게 길어. 꽤 살았구나, 해도 아직 한참 남은 게 인생이야. 이 일 저 일 다 해보고 남편 자식 다 떠나보낸 뒤에도 계속 살아가야 할 만큼 길지. 100미터 경주인 줄 알고 전력으로 질주하다 보면 큰코다쳐. 아직 달려야 할 거리가 무지무지하게 많이 남았는데, 시작부터 힘 다 쏟으면 어쩔 거야? 내가 너희들한테 딱 한마디만 해줄게. 60이 넘어서도 자기를 즐겁게 해줄 수 있는 게 뭔지 잘 찾아봐. 그걸 지금부터 슬슬 준비하란 말이야. 내가 왜 이 나이 먹고서도 매일 술을 마시는지 알아? 빈 잔이 너무 허전해서 그래. 빈 잔에 술 말고 다른 재미를 담을 수 있다면 왜 구태여 이 쓴 걸 마시겠어?"

할머니 말씀처럼 사람들은 서른이 넘어가면 늙었다고 생각하며 곧 죽을 것처럼 말한다. 평균 수명의 연장 운운하지 않아도 죽으려면 한참이나 남아 있다는 사실을 알면서도, 해놓은 것 없이 나이 서른을 넘기고 마흔을 향해 30킬로미터의 속도로 달리고 있다는 생각은 사람의 기분을 가라앉게 한다.

나이 드신 분의 눈에는 마흔이든 서른이든 다 아직은 할 것 해보고 인생의 재미를 찾을 수 있는 황금기로 보인다. 그분들도 30대에는 그저 열심히 사는 것만이 최선인 줄로 알았을 것이다. 하지만 더 나이 들어보니 정작 중요한 것은 자기 인생의 참 재미가 무엇인지 발견하는 일임을 알게 되었으리라. 할머니는 그것을 찾지 못하고, 찾을 생각조차 하지 않았던 자신의 젊은 시절을 술 한잔으로 달래고 있다.

죽기로 마음먹은 여자도 하고 싶은 일을 찾아 자신의 생을 다시 써보는 것으로 방향을 선회했다. 이처럼 서른 살을 훌쩍 넘긴 여자도 결단하고 실행에 옮긴다면 자신의 인생을 처음부터 고쳐 쓸 수 있다. 그리고 누구보다 멋진 마흔을 맞이할 수 있다.

요리사이자 소믈리에인 최해숙 씨. 그녀는 L사에서 7년간 근무한 인테리어 디자이너였다. 모두가 선망하는 대기업에서 커리어우먼으로 능력까지 인정받고 있으니 그야말로 누가 봐도 탄탄대로의 인생이었다.

그러나 그녀는 서른다섯 살에 길을 바꿔 이탈리아로 떠났다. 그녀가 이탈리아로 간다고 했을 때 그녀에게 박수를 보내는 사람은 없었다. 하지만 다른 삶에 대한 열망이 그녀를 행동하게 했다. 이탈리아어에 능통해서 그 나라를 선택한 것이 아니었다. 무작정 떠나 맨땅에 헤딩하듯 요리를 배우며 이탈리아어를 함께 배워나갔다. 와인 소믈리에 과정을 배울 때에는 국경에 인접한 학교로 통학해야 했는데, 차로 무려 왕복 여덟 시간이나 걸리는 거리였다. 가히 상상할 수도 없는 거리를 통학하면서 그녀는 자기 자신을 새로 알게 됐다. 스스로를 늘 끈기가 부족하고 우유부단한 사람이라고 여기며 악착같이 해내는 사람과는 거리가 멀다고 생각했는데, 한 번도 가본 적이 없는 길에 들어서 보니 자신에게 생각지도 못한 강한 면이 있다는 것을 알게 된 것이다. 남들이 염려하는 '나이'라는 것을 잊고 도전한 그녀는 자신의 또 다른 면을 외부의 누구에게가 아니라 바로 자기 자신에게 증명해 보였다. 이것이 그녀가 지금 더욱 빛나는 이유다.

그녀는 한 인터뷰에서 좋아할 수 있는 일이 정말 잘할 수 있는 일인가 다시 한 번 생각해보고, 선택을 했다면 끝까지 파고드는 것도 중요하다고 조언했다.

그녀의 도전정신을 모두들 부러워하지만 그녀처럼 행동하는 사람은 드물다. 여전히 나이가 마음에 걸리고, 방향을 바꿨을 때의 리스크를 감당하지 못할 것이라는 두려움이 저변에 깔려 있어서다. 하지만 자신이 지금 나이에도 해낼 수 있을지 없을지는 고민이 아니라 실행에 옮겼을 때에야 비로소 알 수 있다.

《인생아, 마음껏 흔들렸니? 이제, 시작이다》의 저자 황기순은 23년간 경찰공무원이었다. 여자는 공무원이 최고라고 말씀하시는 어머니에게 그녀는 무척이나 자랑스러운 딸이었다. 그러나 그녀가 경찰로서 매일 대해야 하는 도둑놈, 사기꾼, 싸움꾼 같은 사람들은 그녀의 인생을 행복하게 해주지 못했다.

순경에서 경장으로 4년 만에 진급하는 등 빠른 승진도 했다. 하지만 경찰공무원 조직이 계급체계였기 때문에 받는 스트레스는 점점 커갔고, 업무 강도도 세졌다. 그녀는 점점 경찰로 사는 것이 자신의 가슴을 뛰게 하지 않는다는 것을 알게 됐다. 그럼에도 가정생활과 일을 병행하다 보니 자기 역시도 일상에 안주하고 살고 있었다. 엄마를 기쁘게 하기 위해, 돈을 벌기 위해 사회적으로 바쁘게 사는 동안 내면의 소리에 귀 기울일 틈이 없었다. 그저 하루하루를 누구보다도 치열하게, 마치 싸우듯이 살기에 바빴다. 그러던 중 우연히 전단 한 장이 그녀를 명상의 세계로 이끌었고, 정말 하고 싶은 일을 다시 생각하게 됐다. 그녀의 가슴을 뛰게 하는 것은 강의하며 책을 쓰는 일이었다. 그리고 명상체험 공간을 만드는 것 역시 그녀의 꿈 중 하나가 됐다. 44년 만에 가슴을 두근거리는 일을 찾은 것이다.

서른이 넘었다고 해서 안정을 우선시하고 사람들과 좋은 관계를 맺기 위해서 기를 쓸 필요는 없다. 우리는 사회나 직장도 점점 우리가 바라는 안정권에서 벗어나고 있다는 것을 어느 정도는 이미 파악하고 있다. 그러니 지금이라도 시작해보자. 늦게 출발했다고

하루 10분, 하루 한 뼘

소심해질 필요도 없다. 저마다 자신에게 맞는 시기가 있다. 그때를 위해 지금 노력하는 것이다. 새로운 도전에 나서 성공한 그녀들도 정작 자신의 꿈이 무엇인지 알아차리지 못한 채 오랜 시간을 버티며 살아왔다. 버티는 것도 웬만한 강인함 없이 되는 것은 아니지만, 무엇보다도 그녀들이 다시 활짝 웃을 수 있었던 것은 꿈을 따랐기 때문이다.

가슴 뛰는 삶을 향해 옮겼던 발걸음은 절대로 그녀들을 외면하지 않았다. 결국 크든 작든 원하는 길에 들어서게 했고, 꿈의 맛이 무엇인지 알게 해주었다. 그리고 그 맛이 달콤해서인지 그녀들은 아직도 꿈꾸기를 원한다.

현실적으로
생각하라고?

나는 '이도 저도 아닌 밋밋한 상태'를 견디지 못한다. 나 자신이 이도 저도 아닌 상태로 몇 년을 보내서인지, 이런 사람들을 보면 조금은 안타깝고 답답하기도 하다.

꿈이 화가인 지인이 있다. 정확히는 '꿈이 화가였던' 지인이다. 고등학교 1학년 때까지는 그림을 그렸다. 사정상 미대가 아니라 인문 계열로 진학해서 지금은 한 회사에서 근무 중이다. 그녀는 자신의 꿈이 화가였다는 사실을 자주 힘주어 말하곤 했다. 예전에 그린 그림을 보여주기도 했다. 나는 그림 보는 안목이 없는 내 눈에도 정말 좋아 보이니 회사 다니면서 꾸준히 그려보라고 말했다. 그녀처럼 예술적인 소질이 나에게도 있다면 좋겠다고, 정말 부럽다는 말도 덧붙였다. 하지만 '현실적으로' 회사 일이 더 중요하다고 했다.

나는 업무를 소홀히 하라는 것이 아니라 짬짬이 시간을 좀 내보고, 공휴일에 좀더 시간을 쏟으면 뭔가 되지 않겠느냐고 했다. 그렇지만 그녀는 고개를 절레절레 흔들었다. 대신 포토샵이 일에 더 도움될 수도 있고, 그림과 관련이 있으니 배우려고 학원을 알아보고 있다고 했다.

문제는 그녀가 맡고 있는 업무가 포토샵을 쓸 일이 없다는 데에 있었다. 지금 하는 일이 디자인 쪽도 아니고 창의성을 요하는 것도 아니다. 써먹을 일이 없으면 배운 것은 점차 잊어가게 된다. 그녀가 포토샵을 지속적으로 하기 위해서는 따로 꼭 시간을 내서 혼자 연습해야 했다. 마치 혼자 그림을 그리듯이 말이다. 그런데도 기어코 그림은 그리지 않겠다고 한다.

내 생각엔 그림이 그녀에게 아픈 손가락이어서 다시 붓을 잡기 힘든 것 같다. 한 번 포기한 꿈을 다시 꾸기는 쉽지 않은 일이다. 포기를 선택했을 때 이미 너무 힘들었기 때문이다. 친구는 아버지 사업이 힘들어지자 돈이 많이 들어가는 예술 쪽을 접을 수밖에 없었다. 밑으로 동생 둘이 있었기 때문에 미술 공부를 지속한다는 것은 가족에게 해가 된다고 생각했다. 그녀의 속사정을 알고 있는 나는 더는 말하지 않기로 하고 김새해의 《내가 상상하면 꿈이 현실이 된다》를 한 권 선물했다. 저자가 화가이기도 하니 그녀가 길을 찾는 데 도움이 되길 바라는 마음이었다.

집에 오는 길에 갑자기 한 명언이 떠올랐다.

"어떤 것이 당신에게 중요하다면, 당신은 길을 찾을 것이다. 뭐,

중요하지 않다면야 변명을 찾겠지만."

　사람들은 늘 말한다.
"현실적으로 생각해."
"넌 왜 그렇게 현실감이 없냐."
"이제 포기할 때도 되지 않았냐?"
　마치 배추 포기를 세듯 쉽게 포기를 말한다. 가끔 보면 남의 일이
라서 그렇게 쉽게 내뱉는 것 같다는 느낌을 받을 때가 있다. 정작
이런 말을 하는 본인은 상대가 안타까워 그런다고 하니 그 속내까
지는 모르겠지만, 그래도 여전히 뭔가 찜찜하다. 그렇다면 대체 '현
실'이란 뭘까? 왜 그렇게 어려워하는 걸까? 돈이 없는 것이 현실일
까? 높은 지위에 앉지 못한 것? 명문대 졸업생이 아닌 것? '현실'이
딱 이것이라고 정답 내놓듯 할 수는 없다. 그렇지만 어떤 사람에게
현실이란 극복해야 할 인생의 한 과정이나 장애물일 따름이다. 그
래서 그들은 다른 복잡한 생각은 하지 않고 과감히 뛰어들어 과거
의 한 페이지로 만들어버리곤 한다.
　《가난하다고 꿈조차 가난할 수는 없다》의 저자 김현근은 우연히
홍정욱의 《7막 7장》을 읽게 됐다. 그리고 그 속에서 이전에는 몰랐
던 가슴 뛰는 자신의 꿈을 발견했다. 바로 미국에 있는 아이비리그
에 가서 공부하는 것이다. 하지만 얼마 지나지 않아 IMF가 터졌고,
증권회사에 다니던 아버지가 갑자기 직장을 잃게 됐다. 아버지를
대신해서 어머니가 가족의 생계를 책임지기 시작했다. 월수입이

고작 60만 원밖에 안 되는 집안 형편으로는 지금 하고 있는 학업을 유지하기도 힘들어서 유학 생각은 접어야만 했다. 꿈이 현실로 나타나긴 힘들 것 같아 보였다.

그런데 절실했던 그를 하늘이 저버리지 않았는지, 그가 고등학교에 입학하던 해에 우리나라 최초의 영재학교인 한국과학영재학교가 신설됐다. 그는 이 학교의 학비가 거의 무료이고 외국 유학도 지원해준다는 놀라운 조건을 보고 원서를 낸 후 우여곡절 끝에 합격했다.

어려서부터 줄곧 1등만 해왔던 그는 영재학교의 과학 사고력 검사에서 60점이라는 낙제점을 받았다. 첫 시험 결과 꼴찌 그룹에 속하면서 큰 낙담을 맛보았다. 자신이 더는 그렇게 공부를 잘하는 학생이 아니라는 사실은 그에게 큰 실망감을 안겨주었다. 하지만 그는 학교를 일반 학교로 옮겨가는 선택을 하지 않고 오히려 이를 악물었다. 그 결과 수많은 영재를 제치고 올 A학점으로 수석 졸업의 주인공이 됐다. 2005년도에는 '삼성 이건희 해외 장학생'으로 선발되어 장학금으로 5,000만 원의 4년 장학금을 받고 그토록 열망했던 아이비리그로 유학을 떠나게 됐다.

지금 처해 있는 현실에만 집중하다 보면 많은 것을 포기하게 된다. 집안은 어렵고, 생각만큼 점수는 안 나오고, 그러다 보면 이 길이 내 길이 아닌 것 같아 초심을 잃고 흔들리게 된다. 그러나 그는 자신이 할 수 있는 것이 최선을 다하는 것임을 잘 아는 현명한 학생이었다. 그가 노력을 선택하고 포기를 선택하지 않기로 한 순간,

장학금의 주인공이 되는 것은 당연한 일이었다. 그의 현실에 더는 꿈을 이루지 못할까 봐 전전긍긍하는 자신은 없었다.

모바일게임업체인 노리넷의 오대규 사장은 선천성 뇌성마비 3급 장애인이다. 얼굴이 일그러진 데다 손은 오므라져 악수조차 하기 힘들다. 하지만 그는 장애인임에도 포기를 포기한 불굴의 의지의 소유자다. 그는 대학생 시절 '주식 전도사'로 이름을 날리며 10억 규모의 사설 펀드를 운용했다. 또 AIG생명에 입사해 6개월 만에 최연소 팀장이 됐고 영업 실적 연속 1위를 기록했다.

그는 지난 1999년 말 자신의 사업을 하기 위해 6주 동안 사업계획서를 들고 투자회사를 찾아다녔다. 40여 개의 창업투자회사를 찾아다녔지만 모두 거절당했다. 하지만 절망하거나 포기하지 않았다. 마침내 2000년 5월 현대·기아 벤처플라자로부터 500대 1의 경쟁을 뚫고 투자업체로 선정됐다는 연락을 받았다. 그는 사람들에게 이렇게 말했다. "달걀로 계속 치면 바위는 깨집니다."

만약 오대규 사장이 40여 개의 투자회사로부터 거절당한 뒤 사업 포기를 선택했다면 어떻게 됐을까? 노리넷이라는 회사를 창업할 수 없었을 테고, 지금과 같은 멋진 인생을 살지도 못했을 것이다. 거절당해도 '된다', '할 수 있다'는 긍정적인 생각을 갖고 포기를 선택하지 않은 것이 그의 성공 비결이었다.

살다 보면 포기하고 싶은 날은 있기 마련이다. 나 역시 해도 해도 안 되는데 어떡하느냐고 소리 한 번 빽 지르고 나서 그냥 멀리 있는 산속이나 무인도로 들어가 살아야겠다고 생각한 적도 많다. 하지만 답답한 마음에 고함을 치고 세상을 원망할지언정, 포기를 선택하지는 말라고 말해주고 싶다. 포기는 신중해야 하는 것이다. 한 번 포기한 일을 다시 시작하려면 처음에 시작했을 때보다 곱절의 노력이 필요하기 때문이다. 아예 돌아오지 못할 수도 있다. 그러니 포기를 선택하기 전에 다시 한 번 내 가슴에 무거운 질문을 던지자. "진짜 포기해도 후회하지 않겠어?"

나도 그들처럼
되고 싶었어

스물아홉 살의 나는 '내년에 서른이 되는구나, 우울하다'라고 생각할 겨를이 별로 없었다. 내겐 스물아홉에서 서른으로 넘어가는 거의 1년에 가까운 시간이 정말 힘들어서 '앓이' 정도로는 설명이 불가했다. 스물여덟 살에 처음 사귄 남자는 무감각하고 책임감이 없는 사람이었다. 늘 말뿐이었고 약속한 대로 실천한 것이 없어서 제발 약속하지 말라고 호소할 정도였다.

작은 일에 책임감이 없던 사람이 큰일이라고 자기 일처럼 생각할 리 만무했다. 나를 힘들게 한 이 남자에게 1년 동안이나 있는 정 없는 정을 다 쏟아 부었다. 지금 생각하면 내가 그때 왜 그랬는지, 정말 바보 같다는 생각마저 든다. 마치 고속도로 위의 모든 신호등을 무시한 채 내달리는 자동차처럼 그 남자에게 푹 빠져서 모든 감정

하루 10분, 하루 한 뼘

을 소모했다. 헤어졌을 때 나는 심적, 정신적, 육체적으로 모두 힘들었다. 처음에는 그 남자를 원망했다. 그러다가 어느샌가 사람 보는 눈이 없고, 바보 같은 나에 대한 자괴감에 깊이 빠져버렸다.

　그즈음에 먼저 합격한 회사를 뿌리치고 들어간 회사에서는 1년도 안 되어서 권고사직을 당했다. 이별에 가슴이 아프고 힘든데 거기다가 권고사직이라니…. 정말 엎친 데 덮친 격이라고나 할까. 당시 나는 내가 쓸모없고, 살 이유도 없다고 생각했다. 하지만 다행히도 그다음에 취직한 회사가 에듀테인먼트사였다. 내가 하는 일은 교육을 받는 직장인들이 책을 읽고 온라인상에 문제를 풀면 첨삭을 해주는 일이었다. 그 덕분에 책도 자주 읽고 그 내용을 요약하며 심적인 안정을 찾아갔다.

　하지만 여전히 마음은 허하기만 했다. '언제쯤 다시 안정적이고 가슴 따뜻한 하루를 살 수 있을까?' 이것은 막 서른이 된 나의 가장 큰 고민거리였다.

　무엇을 하든 간에 자신감에 차 있고 남 앞에서도 당당한 사람이 있다. 남 탓을 하지 않을뿐더러 쓸데없이 모든 것을 본인 탓으로 돌려 자존감을 깎아 먹는 일 따위도 하지 않는 사람 말이다. 이들은 그저 어떤 일이 닥쳐도 자신을 믿기에 가던 길을 묵묵히 걸어간다. 심지어는 남들이 상상조차 할 수 없는 무모한 일에도 척척 도전한다. 남들이 이상한 눈으로 봐도 상관하지 않는다. 아니, 어떤 때는 오히려 그런 시선을 즐기는 것 같기도 하다. 나도 그런 사람이 되어

보고 싶었다.

책을 미치도록 읽으면 어떻게 될까? 현실과 상상을 혼동할 만큼 미칠 수도 있을까? 나는 아직 그렇게 미친 사람을 한 명도 본 적이 없다. 단 한 사람만 빼고. 바로 세르반테스 소설《돈키호테》속의 돈키호테다. 내게는 없는 '무모한 도전 정신'의 소유자가 바로 그다.

기사 로맨스 소설에 대한 호기심과 광기로 재산까지 팔기 시작한 돈키호테는 쉰 살 가까운 나이에 모험을 찾아 떠나는 방랑기사가 되기로 한다. 그는 집에 있는 금속을 모두 뜯어다 갑옷을 만들었다. 그리고 그와 같이 용맹한 기사에게 빠져서는 안 될 멋진 로맨스를 이루어줄 여인은 농부의 딸이었다. 그에게 그녀는 반드시 목숨을 걸고 지켜내야 하는 공주였다. 기사에겐 명마도 필요했다. 볼품없는 말 로시난테를 최고의 말이라고 착각하며, 산초를 하인으로 삼고 모험과 신비가 가득한 길을 떠나게 된다. 돈키호테는 우울하거나 침울할 새가 없다. 세상을 구해야 하는 큰 임무가 있기 때문이다. 적과 싸우다가 부상도 여러 번 당했다. 그 자신은 신중한 기사였을지 모르겠지만, 풍차와 싸워본 사람은 현실세계에서도 소설 속에서도 아마 그가 처음이자 마지막일 것이다.

그의 도전이 무모해 보이겠지만, 어른이 된 후에 아무 도전도 하지 않은 나에게는 정말 신선한 인물이었다. 예전에는 도전이 안정의 반대말이라고 생각했다. 하지만 살면서 사랑도 직장도 결국 새로운 국면을 맞게 되자, 이 세상에 안정된 것은 없다는 것을 알게 됐다. 어쩌면 안정이라는 것이 현실에는 처음부터 존재하지 않았는데 사람들이 마음속으로 '바라는 상태'를 단어화한 것일지도 모른다. 변화가 너무 심해서 변화조차 감지하기가 힘든 지금은 차라리 돈키호테처럼 자신의 세계에 한껏 취해 사는 것이 오히려 더욱 현실감 있을 것 같다.

멈추지 않는 당당한 여성의 대명사는 〈바람과 함께 사라지다〉의 스칼렛 오하라가 아닐까 한다. 그녀의 성격은 좀 특이하다. 이기적이고 자기밖에 모른다. 늘 중심에 서야 하고 모든 일이 자기 뜻대로 되어야만 직성이 풀린다. 게다가 사치스럽기까지 하다. 보통 남에게는 자신의 고유한 성격이나 기질을 많이 가리고 일정 부분만 내보이기 마련인데, 그녀는 그런 적이 없다. 자신을 생긴 그대로 다 드러내고, 생각하는 대로 모두 표출해버린다. 그런 성격 자체가 나에게는 큰 부러움의 대상이다. 한편 그녀는 인간적으로 순수한 면도 있어서 자신이 사랑했던 애슐리의 부인인 멜라니의 출산도 돕는다. 이기적인 줄로만 알았는데 나름대로 괜찮은 여자였다. 반전 있는 매력적인 여자랄까?

자신이 받아들일 수 없는 상황에 맞서 싸우기를 주저하지 않았고, 자신의 감정을 있는 대로 쏟아놓고 표현해야 직성이 풀리는 스칼렛은 소설 속에서도 영화에서도 가장 당찬 여주인공이다. 하지만 어떻게 보면 그녀는 사실 원하는 것을 갖지 못한 사람이다. 나중에 돈과 큰 저택이야 그녀의 소유로 남았지만, 아버지 어머니는 돌아가셨고, 레트와의 사이에서 낳은 딸 보니도 불의의 사고로 죽는다. 결국 레트는 지쳐 스칼렛을 떠나지만, 스칼렛은 그가 떠난 후에야 진심으로 그를 사랑했다는 사실을 안다. 자신의 감정을 누구보다 잘 알고 스스로를 통제했을 것 같은 그녀도 변화해가는 사랑의 감정 앞에서는 까막눈이나 다름없이 바보처럼 순진했다. 하지만 그녀가 여느 여자들과 다른 점은 그냥 울고만 있지 않았다는 것이다. 그녀는 레트를 되찾고야 말겠다고 굳게 다짐한다. 목표가 생기니 그저 앉아서 슬퍼하는 수동적인 여인의 모습에서 금방 열정으로 활활 타오르는 여자로 변모한다.

그녀처럼 나 또한 내가 하고 싶고, 원하는 것이 무엇인지 정확히 꿰뚫고 그 모든 일에 전부를 걸 수 있는 사람이고 싶다. 그래서 성취하고 싶은 것이 있다면 불도저 같이 밀어붙이고, 결실을 보는 여자이고 싶다. 무엇보다도 자신을 속이지 않고 감추지 않는 그녀의 모습은 그대로 나에게는 로망이다.

모든 일에 전부를 걸었던 행보를 보인 사람은 그녀뿐만이 아니다. 어떤 여자는 55미터(대략 18층 높이) 나무 위에 오두막집을 짓고 무려 2년을 살았다. 이것은 《나무 위의 여자》 줄리아 버터플라이 힐의 이야기이다. 1997년 12월 캘리포니아 주 북부의 레드우드 원시림에 20대 초반의 그녀가 삼나무 '루나'를 지키기 위해 택한 방법인데, 어떤 면에서는 위험하기도 했다. 그녀가 나무에 올라간 이유는 하나였다. 돈에 눈이 어두운 대기업들이 숲을 마음대로 훼손하고 있었기 때문이다.

처음부터 삼나무 루나 위에 올라가서 지낼 생각은 없었다. 그저 자신이 진정 원하는 것을 찾아 헤매던 어느 날 그녀는 자신이 숲에 있을 때에 행복하다는 것을 깨닫고는 그 숲과 루나를 지켜내야겠다고 생각했을 뿐이다. 나무 위에서 지내는 일은 상상보다 더 어려운 일이었다. 방수나 방풍도 문제가 있었고, 벌목 회사인 퍼시픽벌목회사가 그녀를 포기시키기 위해 나무 밑에 경비원을 보내 필수품 공급을 끊어놓기도 하고 욕설을 퍼붓기도 했다. 일부러 그녀가 잠을 잘 수 없게 시끄럽게 경적을 울리며 괴롭히기도 했다. 그러나 그녀는 원망하지 않고 기도하며 두려움을 떨쳐냈다. 처음에는 관심이 없던 사람들과 언론도 차츰 그녀에게 관심을 보이기 시작했다. 그리고 진심 어린 마음의 지원자들도 생겨나 그녀에게 큰 힘이 되어주었다. 그리고 마침내 738일이 되는 날, 루나를 영구히 보존한다는 공식적 서류가 작성되자 그녀는 나무에서 내려왔다.

누구에게나 닮고 싶은 대상이 있다. 좋아하는 소설 속의 주인공이든 존경하는 실존인물이든 상관없다. 중요한 것은 그들을 부러워만 하는 데에서 그칠 것인가, 아니면 내면의 목소리를 따라 한 번 해보려고 할 것인가 하는 것이다. 우리는 하고 싶은 바를 꾹꾹 눌러 참고 자신을 감추며 사는 것이 얼마나 재미없는 인생을 사는 지름길인지 이미 다 체득했다. 그러니 이제는 그들처럼 내가 원하는 바를 향해 걸어갈 준비를 해보는 건 어떨까.

서른은
청춘일까? 아닐까?

'청춘'은 생에 딱 한 번만 있는 시기라서 다른 어느 시기보다 아름답고 빛난다고 누구처럼 말해주고 싶지만, 그렇게 말하면 따귀라도 한 대 맞을지 모른다. 그 어느 때보다 어렵고 흔들리는 시기가 청춘이란 명사의 풀이로 자리 잡은 지 오래됐기 때문이다.

아픈 청춘을 지나 막 서른 살이 된 사람들 역시 청춘일까? 아직은 똑같이 아프고 힘드니 청춘이라고 할 수도 있겠지만, 왠지 서른은 청춘이라는 말과는 어울리지 않는 것 같기도 하다. 그렇다고 서른 살 먹은 사람들에게 "어머? 중년의 서막이 올랐군요"라고 말하기에는 뭔가 어색하다.

나 역시 아직 중년이라는 소리는 듣고 싶지 않다. 그렇다고 청춘인 것 같지는 않아 가끔은 혼란스럽다. 그렇다면 서른은 뭘까? 여자의 서른은 조금 더 특별하다. 특별히 더 우울하고 혼란스럽다. 그놈의 앞 숫자가 2에서 3으로 바뀐 것뿐인데, 뭔가 팍삭 늙은 기분이 든다.

한 TV 프로그램에서 20대 초반 여학생들을 대상으로 몰래카메라를 진행했다. 요지는 20대 초반의 남학생이 서른 살 연상과 사귀는 상황을 친구들에게 고백하는 것이었다. 그 남학생은 여자 동문이나 여자 친구들에게 연상의 여인에 대해 고백하고, 그 고백을 들은 여학생들의 반응을 살폈다. 남학생의 가짜 고백에 여학생들은 하나같이 놀라움을 금치 못했다. 남녀의 나이 차가 많이 나서 긍정적인 대답을 해주거나 응원을 하는 친구는 없었다. 그런데 그중 한 여학생의 대답이 정말 가관이었다.

"야, 여자는 서른 되면 끝이야, 끝!"

어느 나라 셈법인지는 모르지만, 서른이란 나이가 여자의 끝이라고 생각할 줄은 정말 몰랐다. 마치 자기에게는 서른 살이 오지 않기라도 할 듯이 당당하게 말하는 그녀를 보고 있노라니 헛웃음만 나왔다. 당찬 건지, 정말 자신은 영원히 20대에 머물 것이라고 믿는 바보인지 종잡을 수가 없었다. 서른이 이렇게 빨리 오지 않으리라 믿었던 나도 그렇게까지는 생각해본 적이 없었다.

그 프로그램을 시청한 것이 몇 년 전이니, 아마 그때 그런 말을 했던 여학생의 나이도 20대 중반이 훌쩍 넘어섰을 것이다. 이제 곧 서른이라는 파도가 자신에게 밀려오고 있음에 초조해 하고 있으려나? 나이가 들면서 저절로 알게 되는 사실 중의 하나는 바로 남의 이야기는 함부로 하는 것이 아니라는 점이다. 언제 어떻게 자신이 그 입장이 될지 알 수 없기 때문이다.

　내 친동생 같은 보영이는 십년지기 친구다. 나를 잘 알고 나의 성질도 잘 받아주는 좋은 아이다. 국내 여행은 나보다 더 많이 다녔는데, 해외여행은 한 번도 해보지 않았던 그녀는 "기내식도 한번 먹어보고 그래야 하는데"라고 말하곤 했다.
　하루는 그녀가 휴가 때 베이징에 같이 가자고 제안했다. 나는 뛸 듯이 기뻤다. 내가 좋아하는 친구가 내가 좋아하는 장소에 같이 가고 싶어 하다니, 그 기분은 말하지 않고 이해받은 기분이랄까. 새삼 반가웠다. 나는 중국이 좋다. 베이징에서 몇 년간 살아봐서 정이 든 것도 있겠지만 넓은 곳에 있다는 느낌 자체가 주는 자유로움이 있기 때문이다.
　중국에 가려면 비자를 발급받아야 하는 불편함이 있다. 그런데 좀처럼 비자 받으러 갈 시간이 나지 않았다. 때마침 짬이 생긴 보영이가 나 대신 비자를 받아다 주겠다고 했다. 다음 날 우리 회사 건물 1층 로비에 도착했다는 전화를 받고 내려가 보니, 그녀가 양손에 팥빙수를 들고 있었다.
　"남의 회사에 처음 오면서 빈손으로 오면 예의가 아니지."
　순간 감동이 밀려왔다. 오히려 심부름 보내는 내가 무언가를 해주었어야 했는데, 그녀가 내게 뭔가를 해준 셈이다. 이런 친구를 둔 것이 무척 자랑스러웠다. 빙수를 가지고 사무실로 올라와서 사람들과 나눠 먹으며 보영이의 자랑을 늘어놓았다.

서른이 되면 친구들은 더 소중한 존재가 된다. 특히 여자에게는 결혼이나 새로운 생활로 떠나가는 친구들이 하나둘 늘어날수록, 남아 있는 친구의 존재가 피부로 와 닿는다. 서른을 갓 넘긴 친구들 모두 이구동성으로 결혼을 했든 안 했든 늘 자신을 신경 써주고 안부 물어주는 친구가 그렇게 소중할 수가 없다고 한다. 예전에는 '그 냥 좋은 친구'였다면, 이제는 더욱 '귀한 사람'이 된 것이다. 나의 마음을 먼저 알아주는 한 명의 친구는 나의 일부가 된다.

드디어 도착한 베이징은 나에게는 익숙했다. 몇 년 만에 찾아간 학교 역시 변함이 없었다. 공부하던 곳 중에 박학루(博学楼)라는 이름의 건물이 있다. 박학(博学)은 '넓게 배우다, 박식하다'라는 뜻이다. 건물의 이름처럼 내가 박학다식하길 바랐던 지난날이 떠올랐다. 그런데 건물 외벽 색깔이 부자연스러웠다. 현관이 앞으로 튀어나와 있는데, 그 벽만 중국인들이 좋아하는 빨간색으로 칠해놓은 것이다. 이것만 빼면 학교는 2006년에 내가 마지막으로 봤던 때와 똑같았다.

박학루를 지나 곳곳을 누비다가 내가 4년간 살아왔던 234호 기숙사가 보고 싶어졌다. 내가 졸업식을 마치고 귀국하기 전날 메리라는 오스트레일리아 출신 친구가 이렇게 말했었다.

"네가 234호를 떠나고 다른 사람이 들어가 살 거라고 생각하니까 이상해."

나 역시 그랬다. 내가 오래 산 그 방에 누가 있을 것이라고 생각하니 기분이 묘했다. 문 앞에 서서 숨을 길게 내쉬고 긴장되는 마음으로 방문을 노크했다. 다행히 안에 거주하는 사람이 있었다. 그녀에게 양해를 구하고 잠시 방을 둘러봤다. 침대, 책상, 커튼까지 마지막으로 본 그 모습 그대로였다. 방을 나서면서 추억이 새록새록 떠올랐다. 혼자 웃음도 났다. 1층에 있는 매점에서 맥주 한 캔을 사서 기숙사 바로 앞에 있는 벤치에 앉아 마시면서 생각에 잠겼다. 모든 게 그대로인데 나만 변했다는 것을 실감했다.

20대 때는 10대 때의 추억으로 산다고 생각해본 적이 없다. 10대 시절의 이야기라고 해봤자 공부 아니면 성적 때문에 골머리 썩던 게 전부였다. 그런데 30대에 접어드니 20대의 모든 것이 추억이었다. 학교, 친구들, 중국 TV 프로그램에 출연한 일, 우시(无锡)에서 우연히 가수 문희준 씨 통역을 맡게 된 일, 나와 말싸움을 했던 중국의 모 호텔 직원까지 추억 아닌 것이 없었다. 추억은 그대로인데 나만 변한 것 같아 마음 한구석이 아려오는 느낌이었다. 하지만 간직할 추억이 있다는 것은 좋은 일이다. 변치 않은 그 시간 속을 잠시 거닐고 나면, 잠시라도 쉼을 얻을 수 있기 때문이다. 그래서 서른을 위해서라도 20대에 많은 추억거리를 쌓아둬야 한다.

어릴 때에는 서른이 너무 먼 이야기라 상상할 수도 없었다. 20대가 되어서는 내 서른은 막 결혼해서 알콩달콩한 신혼생활을 즐기고 있거나, 회사에서 어느 정도 높은 자리에 앉아 H라인 스커트를

하루 10분, 하루 한 뼘

입고 일을 진두지휘하는 당당한 커리어우먼일 줄 알았다. 아쉽게도 둘 다 불발됐다. 하지만 손 놓고 멍하니 서른을 보낼 수는 없다. 이런 때일수록 더욱 적극적으로 삶을 살아야 한다. 회사에서 진두지휘를 못 하더라도 내 삶은 진두지휘해야 한다. 여자의 서른은 무심코 지나친 과거의 모든 것이 아쉽기도 하겠지만 그만큼 많은 것이 귀하게 보이기 시작하는 나이다. 살아온 날이 많지는 않지만 그동안의 아픔으로 깊어진 고뇌와 고민까지 모두 '경험'이라고 명명할 수 있는 나이다. 그래서 서른은 남이 정의해주는 것이 아니라 스스로 알맞은 이름을 붙이기에 가장 좋은 나이이기도 하다. 그래서 여자의 서른은 우울한 나이가 아니라 다시 한 번 옷매무시를 가다듬어야 하는 시기다. 분주하게 달리느라 비뚤어진 치마를 바로 돌리고, 터진 단추도 새 단추로 바꿔 단단히 달아놓아야 한다. 그리고 다시 고개를 들어 수선 잘된 옷을 입은 나 자신을 한 번 쳐다보자. 내 나이 서른을 정의할 수 있는 철학자, 그것은 다름 아닌 나 자신이다.

우리는 그렇게
어른이 된다

2014년 2월, 결혼정보회사 듀오에서 흥미로운 설문조사 결과를 발표했다. 전국 20~30대 미혼남녀 813명을 대상으로 '어른의 조건'에 관하여 실시한 조사였는데, 77.9퍼센트에 달하는 대다수 성인이 '나는 어른이 아니다'라고 답했다. 법적으로는 만 스무 살이면 성인이 된다. 그렇지만 20대도 '어른이라 하기에는 어리다'라는 생각이 전체 응답자의 82.7퍼센트에 달했다. 뒤집어 말하면, 20대가 어른이라고 하기에 충분하다는 견해가 겨우 17.3퍼센트에 불과했다는 의미다. '진정한 의미의 어른다움'이 무엇인가에 대한 질문에서는 지식과 경험이 1위였고 품성, 사회적 위치, 비전과 같은 답변이 뒤를 이었다. 어른다움이 나이와 경제적 능력에서 나온다는 응답은 각각 2.3퍼센트, 0.6퍼센트에 불과했다.

하루 10분, 하루 한 뼘

처음에는 흥미로운 기사라 읽기 시작했는데, 이내 '나 자신은 진짜 어른인가?' 하는 깊은 고민에 빠졌다. 도대체 언제가 되어야 '진정한 어른'으로 거듭날 수 있는 걸까? 이때 맞은편에 앉아서 식사를 하고 계시는 엄마의 흰머리가 눈에 들어왔다. 염색약이 다 빠졌는지 희끗희끗했다. 생각보다 흰머리가 많았다. 갑자기 밥을 넘길 수가 없었다. 마음이 아팠기 때문이다.

노희경은 《지금 사랑하지 않는 자, 모두 유죄》에서 이렇게 말한다.

> 어른이 된다는 건 상처받았다는 입장에서 상처 주었다는 입장으로 가는 것. 상처 준 걸 알아챌 때 우리는 비로소 어른이 된다.

지인 C는 엄마가 일찍 돌아가시고 아버지 밑에서 자랐다. 집안 형편이 넉넉하지 못했는데, 공부를 곧잘 했던 C는 아버지의 자랑이었다. 그런데 고등학생 때 새로 사귄 친구들과 어울리면서 오토바이에 빠져 공부를 소홀히 하게 되자, 아버지와의 갈등이 시작됐다. 처음에 아버지는 C를 설득하려고 노력했다. 특히 나쁜 친구들을 멀리하라고 했지만 이미 어긋나기 시작한 C는 아버지를 무시했다. 한동안은 부자지간에 고성이 오갔다고 한다.

어느 밤에, 그의 아버지가 술에 잔뜩 취해서 들어오시더니 이렇게 말씀하셨다.

"야 이놈아, 네가 잘돼야지, 성공해야지, 엄마 부끄럽지 않게 해야지. 나중에 네가 성공을 해서 떠나. 너 하고 싶은 대로 하고 살아.

너 내가 마음에 안 들면 안 봐도 된다니까. 너 대학 가고 잘돼서 떵떵거리면!"

C는 술 취한 아버지가 하신 진심 어린 호소를 듣고 나서 많은 생각을 했다고 한다. 아버지가 어른의 권위를 내세워 자신에게 무조건 윽박지르는 줄만 알고 더욱 빗나간 면이 없지 않아 있었다는 것이다. 그는 달라지기로 했고, 예전처럼 열심히 공부했다. 재수 후에 대학에도 합격했고 지금은 회사원이다. 여전히 아버지와 함께 살고 있는 그는, 가끔 옛날이 떠오르면 무척 죄송스럽다고 한다.

자식들 키우면서 온갖 마음의 상처를 받았을 부모님에 대해 그 심정이 어떠했을지 돌아보는 그 순간, 우리는 진짜 어른이 된다.

아사다 지로의 《천국까지 100마일》에서 야스오는 사업에 실패하고 내리막길인 인생에서 어머니가 심장병에 걸렸다는 사실을 알게 된다. 그동안 어머니를 돌보지 못했던 그는 형제들과 자기 자신을 원망한다. 그런 그에게 돌아가신 아버지의 목소리가 들린다.

'그걸로 됐어. 부모를 귀찮게 생각할 정도로 자립한 거니까. 어머니는 다 이해하고 있어. 매일 아침 불단 앞에 손을 모으고 앉아 이렇게 말했어. 이제야 모두 제 몫을 하는 아이들이 됐네요, 하고. 그걸로 됐어. 자식들에게 성가신 존재가 되고 싶어 하지 않아, 부모는.'

자녀가 행복할 수만 있다면 부모는 자기를 떠나든 모른척하든 상관없다고 하신다. 이런 부모님의 사랑은 바다보다 깊은 마음이기에 감히 그 사랑이 어느 정도인지를 헤아리기조차 쉽지 않다. 자신의 모든 것을 내어주고도 더 줄 것이 없는 자신을 안타까워하는, 아낌없이 주는 나무처럼 부모는 자녀의 행복을 빌고 또 빌 뿐이다. 그리고 끝내는 자신의 존재조차 까맣게 잊어버려도 된다고 생각한다. 사실 이해가 되는 사랑은 아니다. 자녀가 제 몫을 다하는 당당한 어른으로 자라길 바라는 마음은 알겠지만, 자신이 짐이 될까 봐 전전긍긍하며 성가신 존재가 되고 싶지 않다고 생각하는 희생정신은 어떻게 받아들여야 할까?

　초등학교 2학년 때 아빠가 돌아가셨다. 큰 교통사고였다. 남들이 보기에는 우리 어린 자녀들이 불쌍했겠지만, 정작 가장 힘든 사람은 엄마였다. 엄마는 갑자기 두 사람 몫을 혼자 도맡아서 해야 했다. 아빠의 사고 전까지 전업주부로만 지내며 간간이 부업만 하셨던 엄마이기에 아마도 살길이 막막하셨을 것이다. 몇 달 동안은 그 부업으로 생계를 이어나가야만 했다. 그 후에 다행히 지인의 소개로 일자리를 얻게 되어 지금까지 일하고 계신다. 그런 형편에도 엄마는 동생과 내 교육에 신경을 많이 쓰셨다. 덕분에 매일 집으로 배달되어 오는 저학년 학습 교재인 '일일학습'을 끊지 않고 계속 할 수 있었다. 읽고 싶은 책이 있다고 말씀드리면 언제나 사주셨다. 그래서 나는 우리 집 형편이 어려운 줄을 모르고 자랐다.
　고3 때였다. 그때는 '삐삐'라고 불리는 연락매체가 사라지고 학생들도 하나둘 핸드폰과 PCS폰을 사용하기 시작했다. 요새는 초등학생도 모두 스마트폰을 가지고 다니지만, 우리 때에는 한 반에 반 정도가 핸드폰을 들고 다녔다. 당시 나는 다른 학교에 다니는 친구들과 자주 연락하고 싶어서 엄마한테 핸드폰을 사달라고 떼를 썼다. 엄마는 이렇게 말씀하셨다.

"개나 소나 다 들고 다니는 걸 왜 살라고?"

"그럼 내가 개나 소야?"

엄마가 상냥한 스타일로 말씀하시는 분이 아니라는 것은 이미 알고 있었지만, 막상 그렇게 말씀하시니 화가 났다. 그래서 나도 모르게 톡 쏘아붙였다. 그러고는 그때부터 사흘간 엄마와 대화하지 않았다. 화가 났다는 무언의 표시였고, 핸드폰을 사주지 않은 데 대한 반항이었다. 엄마는 집에 오면 자신을 투명 인간으로 대하는 딸에게 지치기도 하고, 또 고3인 딸이 괜히 핸드폰 하나 때문에 공부를 등한시할까 봐 결국 백기를 드셨다. 처음 산 핸드폰은 '016'으로 시작되는 분홍색 핸드폰이었다.

나는 아직도 내 첫 핸드폰을 가지고 있다. 새것으로 바꿀 때마다 처분했지만 이것은 왠지 버릴 수가 없었다. 가끔 이 핸드폰을 보면 옛날 생각이 난다. 핸드폰을 사주지 않는다고 화났다는 것을 온몸으로 표현했던 내 모습이 떠오르기도 하고, 그런 딸 때문에 속상했을 엄마의 마음이 느껴진다. 엄마는 왜 핸드폰 때문에 말도 하지 않고 늘 인상만 쓰고 있던 나를 혼내지 않으셨을까? 핸드폰 때문에 공부를 하지 않을 리가 없는데도 왜 내가 공부하지 않을까 봐 걱정된다고 하시며 끝내는 사주셨을까? 지금 생각해보면 아무리 고등학생이라고는 하나 너무 철이 없고, 생각도 짧은 딸이었다.

지금 내 나이는 엄마가 홀로되시고 자식 둘을 어떻게 키워야 하나 막막해하셨을 바로 그 나이다. 이 나이가 되어서야 비로소 엄마가 내게 한 말 때문에 내가 상처받은 것 이상으로, 자식인 내게 많은 상처를 받았다는 것이 눈에 보인다. 그때마다 나는 이 핸드폰 사건이 떠오른다. 왜 그때 내가 그토록 철없이 굴었는지 다시 한 번 반성하며 서랍 속에 있는 핸드폰을 꺼내본다. 이 핸드폰은 엄마의 사랑과 상처를 동시에 느껴주게 하는 귀중한 물건이 됐다. 아직 나는 진정한 어른이라고 말할 수는 없다. 이제 겨우 엄마가 내게 받은 상처 하나를 알아보았을 뿐이니, 그것만으로 진정한 어른이라 할 수는 없다. 하지만 적어도 알아본 상처는 보듬어줄 줄 아는 어른이 되고 싶다는 꿈이 생겼다.

· 3장 ·

내 안의
나를
만나는 시간

01

책 읽기
좋은 날

여러 오락기구나 시설, 그리고 매체에 밀려 책을 읽는 사람이 점점 줄어들고 있다. 학교 다닐 때에는 교과서라도 보게 되고 학교나 교육부에서 지정해준 필독서라도 구매해서 읽는다. 하지만 그 고삐에서 풀려나 어른이 된 후에는 본인이 책을 찾지 않는 한 독서를 한다는 것은 불가능에 가깝다.

문화관광부가 2014년 1월에 발표한 '2013년 국민 독서 실태조사'를 보면 성인의 평균 독서율(한 해 동안 한 권이라도 읽은 사람의 비율)은 2011년과 비교했을 때 4.6퍼센트 증가해 71.4퍼센트를 기록했다. 그런데 성인의 연평균 독서량은 9.2권으로 나타났다. 이는 0.7권 감소한 수치다. 즉 책을 한 권이라도 읽은 성인의 비율은 늘었지만 독서량 자체는 줄어들었다는 얘기다. 책을 읽지 않는 사

　　　　　　　　　　　하루 10분, 하루 한 뼘

람들은 계속해서 책을 읽지 않고, 책의 힘을 느낀 사람들만이 쉴 새 없이 책을 찾는다. 즉 알게 모르게 독서에서 양극화 현상이 일어나고 있는 것이다.

독서를 하는 이유는 여러 가지다. 무언가를 배우기 위한 수단으로 책을 택하기도 하고, 재미를 위해 책을 읽기도 한다. 또는 힘들고 지쳤을 때 스스로를 위로하려고 읽기도 한다. 어떤 사람들은 책에서 많은 아이디어와 영감을 얻기도 한다. 이러한 독서의 장점을 잘 알기에 가끔 주변 사람들에게 책을 읽어보라고 권한다. 하지만 대부분은 "너무 바쁘다"고 대답한다.

우리 직장인들은 월요일은 월(원)래 바쁘고, 화요일은 화가 날 정도로 바쁘고, 수요일은 수월치 않고 목요일은 목구멍이 막히도록 스트레스를 받는다. 바쁜 나흘을 보내고 드디어 찾아온 금요일은 그야말로 황금보다 더 귀한 날이다. 이날 저녁은 스트레스 해소를 위해 모든 것을 싹 잊고 불금을 보내야만 할 것 같다. 그다음 연속 이틀은 그렇게 기다리고 기다리던 주말이다. 다음 주를 위해 푹 쉬어주면서 재충전의 시간을 가져야 한다. 그런데 책이야말로 방전된 '나'라는 배터리를 다시 충전해주는 에너지원이 되어준다.

스트레스 때문에 골치가 아파 머리를 비우고 싶을 때가 있다. 이런 날에는 독서가 제격이다. 꼭 지식을 쌓기 위해서만 책을 읽는 것은 아니다. 반드시 도움이 되는 독서를 해야 한다는 강박관념 때문에 책 보는 것 자체를 포기하는 사람들이 있는데, 그런 생각을 잠시 접어두자. 때로는 지친 심신을 달래기 위해 마음이 가는 재미있고 가벼운 책을 읽는 것도 좋다. 스트레스도 풀리고 나름대로 생각을 정리하는 데 도움을 받을 수 있다. 아서 헬프스도 이렇게 말했다. "때때로 독서는 생각하지 않기 위한 기발한 수단이다." 일이 손에 잡히지 않아서 화가 날 때, 쓸데없는 걱정인 것을 알면서도 마음에 큰 돌덩이가 얹혀 있는 것처럼 답답한 일이 생겼을 때는 가장 가까운 곳에 꽂혀 있는 책을 꺼내보자.

막시무스의 《지구에서 인간으로 유쾌하게 사는 법》이나 나카무라 마사루의 《잠자기 전 읽기만 해도 나쁜 기분이 사라지는 마음의 법칙 26》 같은 책은 짧은 글로 촌철살인의 묘미를 느끼게 해준다. 평소에 읽어도 상관은 없지만, 스트레스와 짜증으로 살짝 지친 날 저녁 잠자리에 들기 전에 내일을 조금이라도 상쾌하게 시작하기 위해 읽는 것도 좋다.

먼저 짧은 글귀가 읽기 편하고 한눈에도 쏙 들어온다. 그리고 내 현재 상황이나 마음 상태와 연계되어 묘한 반전을 이끌어내는데, 그때 "하하" 하고 웃게 된다. 가끔 어느 구절에서는 '나는 왜 이런 재미난 생각으로 전환할 수 없었을까?' 하면서 무릎을 탁 치게 될 때도 있다. 큰 깨달음이 오지 않아도 상관없다. 적어도 읽고 나면 유쾌한 기분에 잠은 솔솔 오게 되어 있으니.

책에는 사람들이 생각하는 것 이상의 큰 힘이 있다. 가슴에 슬픔이나 아픔이 있을 때는 읽는다는 자체로도 마음의 위로를 받으며, 서서히 안정되어간다. 몽테스키외도 이렇게 말하지 않았던가. "어떤 슬픔도 한 시간의 독서로 풀리지 않았던 적은 내 인생에 한 번도 없었다."

《혼자 책 읽는 시간》의 저자 니나 상코비치에게 책은 다른 의미로 다가왔다. 친언니가 병으로 죽자 죄책감에 힘들어하며 우울증이 찾아왔다. 사실 언니의 죽음이 그녀와 상관이 있는 것은 아니었다. 다만 사랑하는 가족을 잃은 슬픔이 너무 커서 아직 살아 있는 자기 자신에 대한 의문이 생긴 것이다. 그녀의 프롤로그는 '마법 같은 독서의 한 해를 선언하다'라는 제목으로 시작된다. 하루에 책 한 권 읽기를 목표로 꾸준히 책과 소통하면서 언니를 잃었다는 슬픔과 상실감을 보내고, 그녀 자신을 되찾았다.

책은 읽는 이와 그가 처한 상황에 따라 느낌이 달라지고, 받아들여지는 부분도 천차만별이다. 어떤 때는 주인공에 감정이 이입됐다가 다른 날은 잘 눈여겨보지 않았던 환경 묘사나 잠깐 등장하는 주변 인물에 동화되기도 한다. 이는 '책'이라는 매개체를 통해서 자신의 감정과 삶을 부담 없이 투영해볼 수 있기 때문이다. 책은 삶의 늪에서 허우적거리며 힘겨워하고 있을 때 '읽는다'는 자체가 누군가에게는 효과적인 치유법이 될 수 있다는 것을 일깨워준다.

책 읽기 좋은 날은 뭐니 뭐니 해도 여행을 떠나고 싶을 때다. 우리는 책과 함께 '인생여행'을 떠날 수 있다. 아무리 돈이 많고 지위가 높아도 살면서 이 세상의 모든 것을 경험할 수는 없다. 다른 사람은 도대체 무엇을 하면서 살고 있는지, 그들의 인생에는 나와 다른 어떤 것들이 있는지 살펴보는 것이야말로 가장 재미있는 여행이다. 그들의 인생 속에는 내가 차마 시도하지 못했던 일, 내가 전혀 생각하지 못했던 번뜩이는 아이디어가 있다. 무엇보다도 다 포기하고 싶을 만큼 힘든 날, 다른 사람들이 극복한 많은 시련과 아픔을 통해 다시 힘을 얻는 길을 찾는다.

사는 게 뭐가 그리 맛있겠느냐고 반문하며 푸르메재단의 《사는 게 맛있다》를 펼치면 이지선, 클론의 강원래 등 스물세 명의 저자가 들려주는 이야기를 통해 희망과 용기를 얻을 수 있다. 닉 부이치치의 《닉 부이치치의 플라잉》 같은 책을 통해서도 신체적 조건을 딛고 누구보다 행복한 모습으로 사랑과 희망을 전하는 그의 이야기에 귀를 기울일 수 있다.

그들이 직접 전하는 역경을 극복한 과정과 희망 이야기는 단순히 타인의 삶으로 향하는 여행이 아니다. 그 속에서 그들이 겪어온 과정을 간접 체험함으로써 타인을 이해하고 배려하는 마음의 싹을 틔울 수 있다.

책을 덮는 순간 그렇게 어려운 환경에 굴복하지 않은 그들이 존경스럽고, 견디어온 세월을 우리에게 전해줌으로써 많은 것을 배울 수 있게 해주니 감사한 마음이 샘솟는다. 그리고 불만이 한가득이었던 나 자신이 실은 얼마나 어리광을 부리며 살았는지를 알게 함으로써 나도 모르게 머리 숙여 모든 것을 반성하게 한다. 책을 통해서 나 자신에게 나와 내 주변을 다른 시선으로 볼 기회를 베푼 것이다. 이렇게 책 속에는 나의 모든 것을 돌아보게 해주는 이야기가 스며들어 있다.

130

지금 함께 울고 웃을 수 있는 친구가 필요한가? 말하지 않아도 아는, 위로가 필요한 순간이 있는가? 그렇다면 모두 책이 필요한 날이다. 월요일은 월(원)래 읽고, 화요일은 화가 치솟는 나를 위해 읽고, 수요일은 수월치 않은 인생을 위해 읽고, 목요일은 목청껏 소리 지르고 싶은 심정을 책 속의 주인공과 나누자. 책이 매일 내 편이 되어줄 것이다.

채우기보다
비우기

　탄잔과 에키도는 수행하는 승려들이다. 이들이 순례를 하던 도중 어느 개울가에 이르게 됐다. 그곳에는 젊고 아름다운 여인이 비단 옷을 입고 서 있었다. 간밤의 세찬 비로 물이 불어 개울을 건너기가 쉽지 않은 모양이었다. 에키도는 재빨리 눈을 돌려 다른 곳을 쳐다보았다. 이와는 달리 탄잔은 전혀 주저하지 않고 한마디 말도 없이 그 여인을 안고 개울을 건너가 조심스럽게 내려놓아 주었다.

　그리고 두 승려는 다시 말없이 길을 걷기 시작했다. 꽤 오래 말없이 걷던 에키도는 갑자기 이렇게 말했다.

　"도대체 어떻게 된 거냐. 너는 승려의 여러 규율을 깨뜨리고 말았다. 어떻게 그 아름다운 처녀에게 눈길을 주고, 은밀하게 접촉하고, 개울 건너까지 안아다 줄 수 있단 말이냐?"

탄잔이 나직한 목소리로 대답했다.

"나는 개울가에 그녀를 내려놓았네. 그런데 자네는 아직도 그녀를 안고 있군."

탄잔은 승려의 규율은 어겼지만 이미 그것까지 마음에서 비웠고, 에키도는 여인을 쳐다보지는 않았지만, 마음속에 자리 잡은 그녀를 놓아주지 못하고 오히려 탄잔에게 화풀이만 한 것이다. 이들을 통해서 사람이 가장 현명한 순간은 고집스럽게 가지고 있어야 하는 것과 과감히 버려야 할 것을 구별할 수 있게 되는 때라는 것을 알 수 있다.

동서양을 막론하고 '예쁜 배우'는 어느 나라에나 많이 있다. 오드리 헵번은 그중 한 명이었다. 수많은 여배우 중 한 명인 그녀가 다른 예쁜 배우와 달랐던 점은 단순히 외모가 아름다웠다는 차원이 아니다. 화려한 배우의 모습으로 채워졌던 자신의 삶을 비우고 나누는 삶을 살았기 때문이다.

그녀는 첫 영화 〈로마의 휴일〉에서 주인공을 맡아 일약 스타덤에 올랐다. 그 후 여러 영화에 출연하며 그야말로 남녀 모두에게 동경의 대상이 됐다. 하지만 그녀는 어느 날 갑자기 연예계를 떠나 아프리카의 어린이를 위해 봉사하는 삶을 시작했다. 예순을 바라보는 나이에 유니세프 친선 대사로 임명되면서부터는 아이들이 있는 곳이라면 전쟁터, 오지, 심지어 전염병이 도는 지역도 마다치 않고 가서 도움과 사랑의 손길을 전해주었다.

사람은 원래 많이 가지면 가질수록 항상 무언가를 더 기대하고 더 바라게 된다. 욕망과 욕심은 끝이 없어서 그것을 조금이라도 비워내기가 여간 힘든 게 아니다. 그런 의미에서 그녀처럼 마음에서 우러나오는 노블레스 오블리주를 실현하기가 얼마나 힘든 선택이었을지 짐작이 간다. 그녀는 이렇게 말했다.

"나는 아주 많은 특권을 누린 사람입니다. 특권을 가진 사람들, 특히 가진 자들은 그것을 세상에 돌려줘야 할 의무가 있습니다."

그녀는 가지고 있던 부와 배우로서의 명예를 고수할 수도 있었고 커리어를 더 쌓아갈 수도 있었다. 하지만 받은 것을 돌려줄 줄 아는 삶을 택하여 또 다른 의미의 비움을 실천했다. 진정 내면까지 아름다운 배우였다.

나는 학창 시절에 먹는 것을 좋아하는 소녀였다. 특히 고등학생일 때에는 빵이 그렇게 좋았다. 돌아서면 배고프고 돌아서면 허기지던 그때 그 시절, 내가 가장 좋아했던 빵은 파운드 케이크였다. 달콤하고 사르르 녹는 그 맛과 그 위에 뿌려진 아몬드 슬라이스 조각의 앙상블이라니, 내가 여태까지 먹어본 음식 중에서 가장 맛있었다. 얼마나 좋아했었는지, 누구에게도 주고 싶지 않아 방 안에서 몰래 혼자 먹은 적도 많다. 명분은 공부하면서 받은 스트레스를 푼다는 것이었다. 달콤한 것으로 스트레스를 해소하겠다는 이유로 자주 사 먹기도 했다. 학교에서 파는 케이크는 맛이 없어서 군것질은 다른 과자류로 하고, 집에 돌아올 때는 꼭 동네 빵집에 들러 하나씩 사 들고 왔다. 아껴 먹겠노라고 스스로 다짐을 하고서도 꼭 그 날 저녁에 다 먹어 치워서 아쉬움을 남겼다. 그러다 보니 고등학교 다닐 때는 다소 뚱뚱한 편이었다. 이런 잘못된 식습관은 소화에도 영향을 끼쳤다. 하루는 엄마와 함께 한의원엘 갔는데, 의사 선생님 께서는 체질적으로 나는 찬 음식과 밀가루가 맞지 않는다고 했다. 이럴 수가! 빵을 그렇게 먹어댔는데. 내가 살이 찌고 소화가 잘 되 지 않는 이유가 여기 있었다.

욕심내고 혼자 몰래 먹으면서 내 몸에 좋지 않은 결과를 만든 사 람은 바로 나였다. 몸에 대해 좋은 주인은 아니었던 셈이다. 그 후 로 어떻게 됐느냐고? 버릇은 쉽게 고쳐지지 않는다. 주의를 한다곤 했지만, 한동안은 파운드 케이크를 끊지는 못했다.

채워 넣는 것이 버릇이라면 비워내는 것 역시 버릇이다. 다만 우 리는 비움에 익숙하지 않아서 연습이 필요할 뿐이다. 물질도 먹을 것도 적당히 소유하려고 할 때에만 큰 탈이 없다. 오드리 헵번처럼 모든 것을 놓고 떠나기는 쉽지 않다. 최고의 자리에 있을 때에 부와 명예를 놓는 일은 어떤 일보다 힘들다. 하지만 그녀는 화려한 배우 라는 타이틀로 채워진 삶을 과감히 비워버렸다. 그리고 그 자리에 세상을 향한, 아이들을 향한 무한한 사랑을 다시 채웠다. 자신의 모든 것과 다름없는 배우생활까지 내려놓은 그녀 앞에서 고작 빵 한 조각 나눌 줄을 모르고 내 몸만 채웠던 날들을 생각하니 몹시 부 끄럽다.

소유하고자 하는 욕심이 꼭 그렇게까지 나쁘다는 것은 아니다. 오히려 이 세상을 움직이고 지금처럼 발전시킨 주요한 원동력이 되기도 했다는 점은 인정해야 한다. 적당한 물욕은 정신 건강에도 좋다고 하지 않던가. 하지만 지나친 소유욕은 몸과 정신에 모두 해가 되니, 물질적 소유물은 우리 몸에 도움이 되고 마음에 풍요를 가져오는 정도로만 한정하는 것이 좋다. 적당한 소유는 개인적인 삶의 유지와 안락함을 포기할 필요가 없게 해주어 물질적인 것을 소유하지 못해서 오는 마음의 공허감을 줄여준다. 또한 적당한 소유로 정신이 자유로워진 만큼 다른 것들로 시선을 돌릴 수 있게 한다. 취할 부분은 확실히 취하고 버릴 부분은 미련 없이 버린다면, 누구나 여유로운 마음으로 더욱 가볍게 살 수 있다.

《자전거 여행》에서 김훈은 다음과 같이 인생의 욕심과 무게에 대해 설명해주고 있다.

> 배낭이 무거워야 살 수 있지만, 배낭이 가벼워야 갈 수 있다. 그러니 이 무거움과 가벼움은 결국 같은 것인가. 같은 것이 왜 반대인가. 출발 전에 장비를 하나씩 빼 버릴 때 삶은 혼자서 조용히 웃을 수밖에 없는 비애이며 모순이다. 몸이 그 가벼움과 무거움, 두려움과 기쁨을 함께 짊어지고 바퀴를 굴려 오르막을 오른다.

사람은 항상 채우려고만 하는 존재다. 지식도 채워야 하고, 지갑도 채워야 하고, 내 욕심과 욕망도 모두 채워야 직성이 풀린다. 채

하루 10분, 하루 한 뼘

울 것만 잔뜩 있다 보니, 삶이 점점 무겁고 힘겨워진다. 왠지 비워야 할 것 같지만 버리기는 아깝다. 하지만 태양도 서쪽으로 기울어야 다음 날 다시 떠오르고, 달도 천천히 비워져야 다시 만월로 차오를 수 있듯이 비워놓아야 그 자리에 새로운 것이 차오른다. 그래서 '채움'과 '비움'은 같은 듯 다른 쌍둥이 단어다. 이제껏 두 단어가 이음동의어인지 모르고 계속해서 채워나가려고만 했다. 지금부터는 '채움'이라 쓰고 '비움'이라고 읽어보자. 비움과 채움의 적당한 반복이야말로 삶의 발걸음을 경쾌하게 해준다는 것을 알게 될 것이다.

03

그녀의
도끼병조차 부러워

유학 시절 내내 교내 외국인 기숙사에서 살았다. 다른 장기 유학생들이 하나둘씩 기숙사에서 나가 외부에 거처를 마련할 때도 나는 기숙사에 머물러 있었다. 엄마도 학교 밖에서 살다가 혹시 뭐라도 고장 나면 외부 사람을 불러야 하는데, 기숙사에는 기술자가 상주해 있으니 더 안전할 것이라고 하셨다. 나 역시 같은 생각이었다. 무엇보다 기숙사 안에 거주하면 장기 유학생뿐만 아니라 단기로 유학 오는 친구들까지 모두 사귈 수 있는 매력이 있어서 포기하고 싶지 않았다. 물론 본인이 하기 나름이지만.

내 방은 2층이어서 오르락내리락 하기에 편했다. 그날도 장을 봐서 정리한 후에 1층에 내려와 차를 마시고 있었다. 매점에서 일하는 친절한 메이메이(妹妹, 여동생이라는 뜻으로 매점에서 일하는 여직원을 나는 이렇게 불렀다)가 나를 반겼다. 한창 음료수를 마시며 카운터 앞에서 그 동생과 수다를 떤 후에 이제 올라간다고 인사를 하고 막 돌아서려 할 때였다.

"쟤가 그 애야."

매점 안에 있는 작은 탁자에 앉아 있는 한 남학생이 맞은편의 자기 친구에게 속삭이듯 말했다. 예민했던 나는 이 말을 들었을 때 바로 나를 가리키는 말이라는 예감이 들었다. 고개를 휙 돌려 쳐다보았는데, 내게서 미처 눈을 떼지 못한 그 남학생과 눈이 마주쳤다. 전혀 모르는 얼굴이었다. 그 남학생은 흠칫 놀라서 고개를 숙이고는 음료수를 홀짝거리기 시작했다.

'고개를 숙이면 음료수가 넘어갈 수 있겠냐? 쯧쯧쯧.'

혀를 차며 매점을 나오는 길에 그 남자의 뒤통수에 내 눈빛 레이저를 쏴주었다. 기숙사 방으로 돌아와서는 뉴스를 보다가 같은 층에 사는 메리 방에 놀러 갔다. 쿠바인 쉴라가 함께 있었다. 그녀들과 재미있게 TV를 보다가 어느새 지루해져서 수다 삼매경에 빠졌다. 남자, 학교, 자국에서 어렸을 때 겪었던 일 등 모든 이야기가 쏟아져 나왔다. 그날 그녀들이 한 질문 중 하나는 '왜 한국 학생들은 한국 학생들끼리만 어울려?'라는 것이었다. 이런 질문을 몇 번 받아봤지만, 그때마다 나는 한국 사람을 옹호하면서 상대 나라 사람을 이해시킬 수 있는 대답을 해주고 싶었으나 마땅한 답이 없었다. 내가 난감해하는 것을 눈치챈 쉴라는 "근데 너는 한국인 아니지? 우리랑 이렇게 잘 어울리잖아. 하하"라고 농담을 건넸다. 순간, 매점에서 있었던 일이 떠올랐다.

'그 남학생이 오해하고 있는 것이 혹시 내가 외국인 친구들하고만 어울리려는 한국인 같아서 그런 건가? 하긴, 모르는 애가 하는 오해까지 내가 신경 쓸 필요는 없지.'

기숙사에서 지낸 지 몇 달쯤 됐을 때 한 한국 남학생이 일부러 외국인하고만 어울려서 한국 학생들 사이에서 소문이 좋지 않았던 적이 있었다. 매점에서 만난 그 남학생 역시 내가 한국인하고 어울리지 않는다는 소문을 들었던 건 아닐까 싶었다. 나는 일부러 한국 학생과 어울리지 않은 적은 없었다. 어쩌다 보니 가까운 방 친구들이 모두 외국인이었을 뿐이다. 그리고 내가 영어 회화에도 관심이 있다 보니 자연스럽게 더 친해졌다. 어찌 됐든 얼굴도 모르는 남학생의 오해를 풀어줄 이유는 없었다. 이런 오해를 하는 학생은 보통 단기 유학생이라 내가 오해를 풀어주고 말고 할 것도 없다.

내 일인데 이렇게까지 쿨하게 생각하다니 문득 내가 좀 자신감이 붙은 것 같았다. 옛날 같았으면 오해한 사람이 누구든지 간에 2박 3일은 마음에 품고 있었을 텐데 말이다. 왠지 나 자신이 조금 자란 것 같기도 했다.

내 자존감을 높일 수 있었던 근원은 쿠바인 친구 쉴라였다. 그녀는 동양인들이 보기엔 무척 뚱뚱했고, 또 한국 여자들이 선호하지 않는 검은 피부였다. 하지만 타고난 활발함과 긍정적인 성격으로 인기가 많았다. 중고등학교를 모두 중국에서 나와 중국어도 현지

인처럼 구사했다. 내가 그녀에게서 가장 닮고 싶었던 점은 자신에게 늘 당당하고 세상에 못할 것이 없다고 믿는 그녀의 드높은 자존감이었다. 치마도 항상 나보다 더 짧은 것만 입고 다녔다. 자신이 짧은 치마 입고 복도를 지나갈 때 남학생들이 줄줄이 돌아봤다는 일화를 들려줄 때는 도끼병(다른 사람들이 모두 자기를 찍었다고 생각하는 병 있잖은가)에 걸린 환자와 이야기하는 것 같았지만, 난 그 도끼병마저도 부러웠다. 나는 그녀처럼 당당하고 멋있는 학생이자, 여자이고 싶었다.

그녀 옆에 있으면 왠지 모르게 나까지도 자존감이 생기고 더욱 당당해지는 기분이 들어서 더 함께하려고 했는지도 모른다. 이런 기분이 들 때면 나 자신이 좋기도 했다. 하지만 서서히 각자가 공부로 바빠지고, 서로 다른 친구들을 사귀면서 만나는 횟수가 줄어들자 쉴라에게 영향을 받은 내 모습들은 차차 고갈되어갔다. 다시 이전의 나로 돌아가고 있었다. 때로는 이전의 내 모습이 내게는 더 편하다고 생각하기도 했다. 어차피 나는 태생적으로 자존감이 높은 사람도 아니었고 내가 쉴라가 될 수도 없으니, 단번에 변화할 수는 없는 노릇 아닌가. 사람은 생긴 대로 사는 게 맞는 것 아니냐고 스스로에게 묻기도 했다.

가토 다이조는 《나는 왜 눈치를 보는가》에서 자신감이 없는 사람은 그런 자신의 모습을 숨김없이 드러낼 때 비로소 다른 사람과 진정으로 가까워질 수 있다고 알려준다. 이것이 바로 친밀함으로 발전할 수 있는 이유이기 때문이다. 마음에 있는 유치한 바람을 숨기지 않을 때 상대가 비로소 나를 믿어주게 된다. 나를 숨기고 마냥 성숙한 어른 흉내만 낸다면 상대는 나를 신뢰할 수 없다. 그렇게 되면 내 진심과는 달리, 친해지고 싶은 사람과의 관계 역시 지속하기가 어려울 수도 있다는 것이 그의 설명이다.

생각해보면 나는 상대를 재미있게 해주려고만 했지 나 자신을 드러낸 적이 거의 없었다. 다른 사람의 속상한 이야기, 속 깊은 곳에 있는 한 맺힌 이야기는 다 들어주면서도 정작 나는 상대방에게 크게 꺼내놓는 스토리가 없었다. 상대가 '나도 속을 보였으니 너도 어서 네 속내를 꺼내봐'라고 재촉하는 것은 아니었다. 하지만 상대방 입장에서는 자신이 이야기한 것만큼은 아니지만 자신과 대화를 나누는 사람 역시 조금은 속내를 드러내길 바란다. 특히 친해지고 싶은 상대일수록 더더욱 상대방의 반응이나 마음을 알고 싶어 한다. 마음을 열고 말하는 상대와 달리 내가 속마음을 잘 보이지 않는다는 것은 '나는 너와 거리를 두고 싶다'는 무언의 의사표시나 마찬가지였다. 상대가 한 발자국 다가왔다면 나는 적어도 반 발자국 정도는 옮길 수 있어야 서로 소통하고 있다는 믿음을 줄 수 있었지만, 나는 그렇게 하지 못했다.

박희정의 만화 〈호텔 아프리카〉에 보면 다음과 같은 대사가 마음을 울린다.

"자신을 감추지 마. 그게 무엇이든. 아픔이든 나약함이나 그리움 또는 외

하루 10분, 하루 한 뼘

로움이든… 그렇게 하면 더 예뻐질걸. 그리고 장담하는데 더욱더 행복해질 거야."

어떻게 하는 것이 자신을 드러내는 방법인지는 어린아이들을 보면 알 수 있다. 아이들은 마음을 감춘다는 것이 무엇인지 잘 알지 못한다. 마음 가는 대로 행동하고 울고 떼쓰면서 부모나 주위 사람들에게 자신을 온몸으로 표현하려고 애쓴다. 어른이 되어서 아이처럼 자신의 감정을 제어하지 못하고 무작정 드러낼 수는 없는 노릇이다. 하지만 자신의 본모습을 회피하고 눈치 보는 데에 지나치게 익숙한 삶은 자존감을 위협한다.

살다 보면 많은 일에 치이고 다쳐서 자신이 누구인지 생각하는 것조차 낭비라고 여겨질 때가 있다. 특히 내가 손에 쥔 것이 아무것도 없다는 생각 때문에 남의 말에 상처 입고 크게 흔들리기도 한다. 이럴 때 스스로를 높일 줄 알고 바로 세울 수 있는 자존감은 나를 지켜주는 가장 큰 원동력이 된다. 그러니 힘든 때일수록, 어딘가로 숨고 싶은 때일수록 자신을 믿고 존중하는 마음만은 절대 잃지 말고 나 자신을 지켜나가자.

원망하는 사람,
감사하는 사람

사람이 아프다는 말은 무엇일까? 몸이 아플 수도 있겠지만 최근에는 '마음'이 아프다는 말이 아닐까 한다. 가만히 들여다보면 집집마다 사연 없는 집이 없고, 문제 없는 사람이 없다. 요새는 가방끈이 짧으면 짧은 대로 문제가 되고, 너무 많이 배워도 취직에 곤란을 겪기도 한다. 경제적으로 풍요로워도 가족끼리 재산상의 문제가 터지고, 반대로 빈곤해도 큰 문제다. 직장인들은 회사에서 생각지도 못한 갖가지 문제를 처리해야 하는 경우가 다반사고, 학생들 역시 그 나름대로 힘들다. 정말이지 세상에는 내 마음대로 되는 일이 하나도 없는 것 같아서 지쳐가기만 한다.

소화에 문제가 있어 한의원에서 꽤 오랫동안 침을 맞았다. 병원에 들인 돈을 모으면 유럽 여행을 다녀올 수도 있을 정도다. 속이

더부룩할 때마다 수시로 가서 침을 맞고 부황을 떴다. 체한 사람이 양 엄지손가락을 바늘로 따는 것처럼, 나는 등을 딴 후 부황으로 피를 뽑았다. 그리고 몇 년을 연달아 석 달씩 한약을 지어 먹기도 했다. 한약을 먹고 나면 일정 기간은 괜찮았지만 그래도 호전될 기미가 보이지는 않았다. 그래서 다른 한의원으로 옮겨서 다른 치료요법을 받아보기도 했다.

한의원에 누워 있다 보면 노인분들이 특히 많이 오시는 날이 있다. 여기저기 안 쑤시는 데가 없다고 침을 많이 놓아달라고 주문하시는 모습을 간혹가다 보곤 한다. 처음에는 그냥 나와 같은 환자여서 별로 신경 쓰지 않고 잠에 빠졌는데, 문득 어떤 할머니께서 직접 겪은 이야기를 하셔서 흥미로운 이야기라 듣고 있었다.

그분은 딸 셋에 아들 하나를 키우셨다고 하는데, 아들을 낳을 때까지 시어머니의 구박이 이만저만이 아니었다고 한다. 밥도 맛없다, 국도 맛없다, 반찬은 더 맛없다고 하시며 음식 타박에서 시작된 시집살이가 아침부터 밤까지 그칠 줄 몰랐다고 한다. 그래도 그런 시어머니 밑에서 자식 넷 다 잘 키웠고 남편하고도 잘 지내고 있다고, 그래서 참 고맙다고 하셨다. 그리고 농담 반 진담 반으로 자기가 지금 이렇게 여기 와서 침을 맞게 된 것은 다 시어머니가 하도 쉴 새 없이 일을 시키는 바람에 몸이 안 좋아져서 그런 거라고 하셨다.

"아, 우리 시어머니 덕에 돈 버는 거야. 의사 양반, 고맙지?"

할머니는 농담을 던지셨지만, 나는 마음이 아팠다. 내가 상상조차 하지 못할 만큼 힘들었을 그 세월 속에서, 할머니는 '참을 인' 자를 수도 없이 써가며 자식들만 바라보고 살아오셨을 것이다. 그 힘든 세월을 건너오신 할머니의 뼈 있는 농담 덕분에 옆 침대에 누워 있는 나는 조금 심각해졌다.

"그래도 고맙지 뭐야, 뼈마디 쑤시는 것 외에는 아픈 데가 없으니."

할머니 말씀에 의사 선생님도 기분 좋게 대꾸했다.

"다른 데는 아픈 데 없어서 고맙습니다, 할머니."

그 말을 듣고는 심각했던 내 마음도 환해졌다.

"어휴, 참…"

엄마가 갑자기 한숨을 내쉬었다. 어리둥절해져서 쳐다보는 내게 엄마가 말씀하시길, 외할머니께서 백내장 수술을 받으러 입원하셨는데 외할아버지는 복지관 선생님 사탕 주기로 했다며 복지관으로 가셨다는 것이다. 나는 외할아버지는 연세도 많고, 병원에 오래 계셔도 외할머니께 크게 도움되는 것도 아니니 먼저 집으로 가신 게 더 잘한 일 같다고 했다. 그런데 할아버지는 병원에는 발걸음도 않고 바로 복지관으로 가신 거였다. 외할아버지께서는 평소에 할머니께 잘해주시는 분이었던 터라 약간 의외였다. 외할머니는 척추와 무릎 등 이미 여러 차례 수술을 받으셨는데, 그에 비하면 백내장 수술은 위험하지 않은 데다 자식들이 곁을 지키고 있으니 깊게 생각하지 않고 철없는 행동을 하신 것이다. 한평생 살아도 남자는 애라더니, 우리 외할아버지가 애일 줄 누가 알았겠나. 나중에 내가 할머니께 복지관 가신 할아버지가 밉지 않으시더냐고 여쭤봤는데,

하루 10분, 하루 한 뼘

병원에 와도 할아버지는 할 일도 없거니와 이렇게 함께 살아서 오순도순 이야기할 수 있는 것만으로도 큰 복이라고 말씀하셨다.

친할아버지는 내가 20대 중반 때 돌아가셨는데, 할머니와 사이가 좋은 모습을 한 번도 본 적이 없다. 할아버지는 항상 술을 드셨고, 할머니는 늘 할아버지한테 술 좀 그만 마시라고 소리를 지르곤 하셨다. 할머니는 한의원에서 우연히 만난 그 할머니보다 더 혹독한 시집살이를 견디면서 살아오셨다. 우리 할머니가 시집살이를 견뎌야 했던 것은 아들을 못 낳아서가 아니었다. 가진 것 하나 없이 시집왔다는 이유 때문이었다. 손녀인 나로서는 아무리 생각해도 증조할머니가 이해되지 않았다. 친할아버지 댁도 잘사는 편은 아니었기 때문이다. 할아버지도 할머니를 포근히 감싸주시는 성격이 아니어서 할머니가 더욱 힘드셨다. 하지만 할머니는 시어머니나 남편을 원망하시지는 않았다.

티격태격하며 함께 살던 할아버지가 여든을 못 넘기고 세상을 떠나셨다. 할머니께서는 갑자기 대화할 상대도 없어지고 악다구니 쓸 대상도 없어서 적적하셨나 보다. 동생이 어느 날 "할머니, 할아버지 안 계시니까 심심하시죠?" 하고 여쭙자, 할머니는 약간 망설이더니 이내 "그래!"라고 큰 소리로 대답하셨다. 지나온 세월을 돌아보니 매일 싸우긴 했지만 그래도 옆에 함께 있어준 사람이 제일 고맙고 또 보고 싶은 사람이었던 것이다.

모진 세월을 이겨낸 어르신들은 모두 하나같이 지금 곁에 있는 사람들과 자기 인생에 대해 그저 '감사하다'고 하신다. 내가 봤을 때는 감사함보다는 한스러움이 더 많이 남아 있을 것 같은데도 감사하다고 하시니 약간 어리둥절하다. 다만, 그렇게 감사하게 생각해주시는 그분들에게 나 또한 이유 모를 감사함이 느껴지곤 한다.

사람에게 '감사'란 지난날을 후회하지 않게 해주고 마음에 없던 여유를 스스로에게 선사하는 마법이다. 그리고 세상을 보는 눈을 이전과는 완전히 다르게 해주어 오늘 하루를 살아갈 용기를 북돋아 주기도 한다.

영어의 'think'와 'thank'는 어원이 같다. 스펠링도 하나 차이다. 그래서 이 두 단어를 놓고 '감사하는 것은 결국 생각하기 나름이다'라고 말하기도 한다. 똑같이 좋지 않은 상황이나 결과를 두고도 어떤 사람은 "이 정도로 끝내주셔서 감사합니다" 혹은 "이 일을 제가 잘 헤쳐나올 수 있게 해주셔서 감사합니다"라고 감사의 기도를 드리며 다음 날을 새롭게 맞이한다. 반면에 어떤 사람은 "이게 뭡니까?", "왜 내가 이런 꼴을 당해야 하나요?" 하며 평소에는 믿지도 않던 신까지 찾아다니며 원망하기도 한다. 이런 사람의 내일은 오늘과 마찬가지로 어둡고 막막하기만 하다. 그래서 인생의 부정적인 면만 보며 감사를 모르는 사람에게 생각이 깊지 않은 사람이라고 말하기도 한다. 생각이 깊은 사람은 반드시 감사할 점을 찾아내기 때문이다.

유대인들의 응축된 지혜를 엿볼 수 있는 《탈무드》에는 다음과 같이 모든 일에 감사할 수 있다는 가르침이 있다.

만일 한 손을 다쳤으면 두 손을 다 다치지 않은 것을 하나님께 감사하라.

만일 한쪽 발을 다쳤으면 두 발을 다 다치지 않은 것을 하나님께 감사하라.

두 손과 두 발을 다 다쳤다 해도 목이 부러지지 않은 것을 하나님께 감사하라.

만일 목이 부러졌다면 그다음엔 염려할 것이 조금도 없다.

하나님이 천국에서 맞아 주실 테니.

감사하는 마음은 저절로 생기는 마음일 수도 있지만, 그보다는 적극적으로 찾으려 할 때 삶에 더 많이 나타난다. 오늘 나의 존재, 내 가족, 친구들에게서 감사할 점을 찾아보자. 내 잘못을 지적해주었거나 깨달음을 주신 분이 있다면 역시 감사해보자. 나를 둘러싼 모든 것에서 감사할 수 있는 이유를 찾는다면 가슴에 따스한 한 줄기 빛이 깃들 것이다.

질문,
그것도 좋은 질문을 하자

카메룬 속담에 '질문하는 사람은 답을 피할 수 없다'라는 말이 있다. 일단 질문을 던지면 어떤 답이라도 얻을 수 있다는 의미다. 하지만 실제로 자신의 인생에 스스로 질문을 던지며 사는 사람이 몇이나 될까? 아마 찾아보기 힘들 것이다. 우리는 자신에게 무언가를 묻는다는 것에 대해 익숙하지도 않고 생각해본 적도 없다. '질문'이라는 것은 늘 다른 누군가에 하는 것이거나 다른 누군가에게서 받는 것이라 여긴다. 하지만 자신에게 던지는 질문이야말로 뿌연 안개로 뒤덮인 산을 홀로 오르는 것 같은 인생길에서 자신에게 더 나은 길을 안내해줄 수 있는 가장 좋은 방법이다.

사람은 실패나 실수를 할 수 있다. 이를 통해 좌절감과 실망감을 맛보기도 한다. 이때 중요한 것은 실패의 심각성이 아니라 바로 문제를 대하는 나만의 방식이다. 이 방식은 바로 순간순간 던져진 질문에 의해서 바뀐다. 앤서니 라빈스는 《네 안에 잠든 거인을 깨워라》에서 매일, 매 순간 질문을 던지며 사는 삶을 살아야 한다고 강조한다. 질문이 생각의 수준을 좌우하고 올바른 답을 구하게 해준다는 것을 그 자신이 몸소 체험했기 때문이다. 그는 질문의 순작용에 관하여 다음의 세 가지 측면을 우리에게 알려준다.

1. 질문은 순간적으로 생각의 초점을 변화시켜 우리의 감정을 바꾼다.
2. 질문은 우리가 집중하는 것과 삭제하는 것을 바꾸는 힘이 있다.
3. 질문은 우리의 잠재능력을 고양시킨다.

부정적인 생각과 느낌이 더 좋지 않은 생각들을 얼마나 많이 끄집어 오는지 당신도 알고 있을 것이다. 질문은 없고 이러한 감정에 사로잡혀 이리저리 끌려다니다 보면, 갑자기 화가 나기도 하고 사소한 일로 옆 사람과 다투기도 하는 등 감정 통제가 잘 안 되기도 한다. 사람들은 사는 내내 이것을 체험하고도 또 같은 일을 반복한다. 이런 반복을 끊어낼 방법 역시 바로 질문이다.

기분을 상하게 한 상황이나 사람에 초점을 맞추지 말고 그것들을 벗어나 다른 면을 보기 위해 질문을 던진다면 비로소 생각의 초점이 천천히 옮겨가게 된다. 생각의 초점이 옮겨지면 감정 역시 변하게 된다. 이때 중요한 점은 질문도 잘 던져야 한다는 것이다. 올바르지 못한 질문을 던져 나온 답도 자신이 책임져야 하기 때문이다.

그래서 항상 신중히 생각해야 한다.

좋지 않은 상황에 처하면 사람들은 "왜 이런 일이 일어난 거야?", "왜 하필 나야?" 같은 질문을 스스로에게 던지곤 한다. 하지만 그렇게 해서는 기껏해야 "내가 못났으니까", "나는 원래 운이 없잖아" 같은 실망 섞인 답 이외에는 아무것도 얻지 못한다. 이런 질문들로 얻은 대답은 해결방법을 알려줄 수 없다. 반면에 같은 상황에서 "어떻게 해결하지?", "누구에게 조언을 구할 수 있을까?"라는 질문을 한다면 해법을 모색하거나 조언을 해줄 사람을 찾는 쪽으로 관심을 옮길 수 있다. 그리고 '이런 일이 왜 하필 내게 일어났는지' 등의 자괴감 섞인 사념이 점점 사라지면서 자신이 처한 상황을 좀더 객관적으로 바라볼 수 있게 된다.

계속해서 올바른 질문들을 던지고자 노력한다는 것은 새로운 답을 구하려는 의지가 있다는 뜻이다. 이 의지는 여러 가지 복잡한 생각들을 정리하거나 기존의 방식을 다른 방식으로 전환할 수 있게 도와줄 뿐만 아니라 우리의 잠재 능력도 한껏 고취할 수 있다.

우리는 매 순간 질문의 힘을 사용할 수 있다. 특히 아침에 일어나서 스스로에게 하는 좋은 질문은 하루를 행복하게 시작하도록 해준다. 니체는 기분 좋게 살아가는 비결은 누군가에게 도움을 주는 것이라고 말했다. 아침에 눈을 뜨자마자 "오늘은 누구를 기쁘게 해줄까?"라고 질문해보자. 아침부터 내가 기쁘게 해줄 사람을 찾아 바쁘게 눈이 움직이고 생각이 돌게 된다. 거창한 선물이나 화려한 미사여구만 상대를 기쁘게 해주는 것이 아니다. 짧은 말로 나의 주변 사람들부터 기쁘게 해줄 수 있다.

아침마다 이 질문을 내게 던졌을 때, 나는 누구를 기쁘게 해주어야 할지 감이 잡히지 않았다. 만나는 사람은 한정적인데 누구를 기쁘게 해준단 말인가. 그러던 어느 날, 평소와 다름없이 사무실에 도착했는데 문득 내 시선이 지나치게 외부 사람들에게만 쏠려 있다는 것을 알게 됐다. 내가 기쁘게 해주어야 할 대상이 꼭 회사 사람들이나 내 친구들이어야 하는 것은 아니었다. 그렇다. 그 첫 번째 상대는 가족이었던 것이다!

매일 아침 내가 눈을 뜨면 가장 먼저 보는 사람은 우리 엄마다. 그때부터 엄마를 조금이라도 기쁘게 해드릴 수 있는 일이 무엇인지에 대해 스스로 질문을 던지게 됐고, 아침 인사 멘트부터 바꿔보는 것은 어떨까 생각했다.

지금은 "사랑하는 엄마, 잘 주무셨나요?"라고 하루를 시작한다. 처음에는 '사랑하는'이라는 말에 어색해하시더니, 이제는 가끔 "그래, 사랑하는 딸" 이렇게 대답해주기도 하신다. 나와 우리 엄마로서는 크나큰 발전을 이룬 셈이다.

사실 살면서 가장 중요한 일은 '나를 찾기 위해' 스스로에게 어떤 질문을 던지느냐 하는 것이다. 내게 질문을 던진다는 것은 나를 알아가기 위해 무엇보다도 중요하다. 내가 남과 다른 꿈을 꾸고 있는지, 삶의 가치는 어디에 두고 있는지, 지금 어느 곳을 향해 가고 있는지에 대해 묻는 것은 나 자신을 찾기 위해 꼭 거쳐야 하는 과정이다.

30대 초반에 책 읽는 것을 완전히 멈추고 공무원 시험 준비에 돌입한 적이 있다. 7급 외무영사직을 준비해보자고 생각하고 무조건 인터넷 강의를 신청했다. 직장에 있는 시간에는 공부를 할 수 없어서 새벽 다섯 시에 일어나 공부하고 퇴근 후에도 교재와 씨름했다. 주말에는 열두 시간 이상 공부에 매달렸다. 오래간만에 열심히 공부하니 뿌듯했고, 아는 것이 늘어가는 것은 역시 즐거운 일이라 느껴졌다. 잘하든 못하든 역시 공부는 내 체질이라고 생각했다.

하지만 큰 문제가 있었다. 수험 준비 전에 스스로에게 어떠한 질문도 하지 않았다는 것이다. 급하게 공무원 준비를 해야겠다고 결심한 것은 여느 직장인과 마찬가지로 불투명한 미래 때문이었다. 정신없이 공부에 빠진 지 한 달쯤 지났을 때야 비로소 나의 결정이 충동적이었음을 시인하고는 공부를 마칠 때마다 질문을 던졌다. '합격할 수 있을까?' 이런 질문이 아니었다. '이것이 내가 진짜 원하는 바인가?', '이 일이 정말로 나의 행복을 보장할 수 있을 거라 생각하는 거니?' 등 좀더 본질에 가까운 질문들이 마음속에 가득했다.

직렬을 선택할 때에도 문제가 있었다. 외무영사직 시험에는 제2 외국어를 선택하게 되어 있다. 나는 중국어를 선택할 수 있는 외무영사직 이외에 다른 직렬에 대해서는 전혀 고려해보지 않았다. 시작부터 충동적이었던 데다가 어떤 직렬이 있는지도 제대로 확인하지 않았고 내 적성도 파악하지 않은, 실패가 예견된 선택이었다. 공부는 내게 재미를 주었지만 질문 없는 시작이 목적을 찾아주지는 못했다.

내 삶에 대해 대신 고찰하고 생각해줄 수 있는 사람은 없다. 복잡하고 예측할 수 없는 내 인생의 항로를 결정하고 키를 움직여야 하는 사람이 나 하나뿐이라는 뜻이다. 그러니 오늘부터 하루 10분씩이라도 내가 진짜 어느 곳에 시간을 쏟고 마음을 쓰고 있는지 돌아보자. 그리고 정말 마음을 두고 싶은 곳이 어디인지 자신에게 물어보자. 성장은 거기서부터 시작될 것이다.

마음에 커다란 풍경을
그리다

　사람들은 '하면 된다', '노력하면 한계는 없다'고 말은 하지만 항상 자신에게 한계를 규정한다. 어머니들과 이야기를 하다 보면, 자식이 성공하기를 누구보다 바라고 있지만 그와 동시에 한계를 긋는 말들을 서슴없이 하신다.

　"우리 애? 뭐, 커서 평범하게 살겠죠…."

　자식이 잘되길 바라는 마음 한구석에는 이런 생각들이 자리 잡고 있고, 바로 이 때문에 자식이 미덥지 못하고 나이를 먹어도 여전히 아이 같기만 하다. 자라서 사람 노릇이나 제대로 할 수 있을지 전전긍긍한다. 한계를 짓는 대상은 다른 사람뿐만이 아니다. 자기 자신도 그 대상이다. '나는 주부니까 안 되고, 나이가 들어서 안 되는 일'이라며 스스로에게 한계선을 긋는 사람이 주변에 많다. 이런 버릇을 버리고 자신이 하고 싶은 것에 집중할 수 있다면, 우리는 더 많은 일을 해낼 수 있다.

세계적인 화장품회사인 메리케이사의 창업자 메리 케이 애시 회장은 1963년, 마흔다섯의 나이에 여성들을 위한 '꿈의 회사'를 세우기 위해 불과 5,000달러의 자본으로 메리케이코스메틱을 설립했다. 믿음, 가족, 일에 대한 우선순위와 조화를 강조하는 인간경영 철학과 리더십으로 오늘날 메리케이사를 세계적인 화장품회사로 성장시켰다.

이처럼 화려한 성공과는 달리 그녀의 젊은 시절은 불행의 연속이었다. 그녀는 미국 텍사스 주에서 태어나 일곱 살 때부터 병든 아버지를 간호했다. 어려운 가정형편 때문에 대학 진학을 포기해야 할 정도로 절망적이었다. 게다가 첫 남편과 이혼 후 세 아이의 양육까지 책임져야 했다. 불행은 여기서 그치지 않았다. 20여 년간 하던 출판 세일즈 일을 그만두어야 하는 상황에 처했다. 실업자가 된 그녀는 끝없는 좌절과 절망감을 맛보았다. 하지만 상황에 끌려가기보다는 주도하려고 노력했고, 절망스러운 현실로 자신의 미래를 한계 짓지 않았다.

메리 케이 애시는 자신만의 사업을 꿈꾸었다. 그리고 몇 년 후 자본금 5,000달러로 새로운 사업을 시작했다. 뷰티 컨설턴트가 고객과 일대일로 만나 제품을 판매하는 전통적인 방문 판매 코스메틱 회사인 메리케이코스메틱사를 설립한 것이다.

애시는 뷰티 컨설턴트 한 사람 한 사람을 누구보다 소중히 여겼다. 수천 명의 직원 이름을 모두 기억하는가 하면 항상 칭찬을 함으로써 직원들이 자신감을 가질 수 있도록 했다. 1966년부터는 가장 성공적인 뷰티 컨설턴트에게 핑크 캐딜락을 수여해 전 세계 경제학자들로부터 창의적인 마케팅 보상 프로그램으로 인정받기도 했다.

이제 메리케이코스메틱은 세계 35개국에 130만 명이 넘는 뷰티 컨설턴트가 활동하고 있는 글로벌 브랜드가 됐으며, 소매 매출액은 연간 20억 달러가 넘는 규모로 성장했다. 그녀가 만일 어려운 가정환경으로, 이혼녀라는 이유로 갖가지 상황에 절망하며 자신의 능력과 미래를 한계 짓는 데 급급했다면 이런 놀라운 성공을 이루지 못했을 것이다.

"나는 안 돼."

이 말은 스스로 운을 저버리는 자기암시임과 동시에 정확히 뛰어넘지 못할 경계선을 그어버리는 주문이다. 이런 말을 자주 하는 사람은 하고 싶은 일이 있어도 시도조차 하지 못하기 십상이고, 설령 시도했다 하더라도 금방 포기하게 된다. 부정적이거나 발전을 저해하는 생각을 없애려면 더 크게 보고 크게 생각해야 한다.

우리나라의 자랑스러운 여배우 김윤진은 미국 드라마 〈로스트〉에 출연하며 세계적인 배우가 됐다. 그녀는 최초로 할리우드 진출에 성공한 한국 배우로 꼽힌다. 그녀가 지금처럼 세계적인 배우가 될 수 있었던 것은 꿈을 향해 계속 도전했기 때문이다. 그리고 또 한 가지, 자신의 가능성에 어떤 한계도 짓지 않았기 때문이다.

하루 10분, 하루 한 뼘

처음에 그녀는 할리우드에서 일하기 위해 밤새워 PR 테이프를 제작한 뒤 직접 에이전시를 찾아 나서는가 하면, 오디션을 위해 대본이 닳도록 연습했다. 그런 노력에도 번번이 퇴짜를 맞고, 오디션에서 떨어졌다. 하지만 도전을 멈추지 않았고, 미국 ABC와 전속 계약을 맺고 미국에서 최고 시청률을 기록한 〈로스트〉에 '선'이라는 배역으로 출연하면서 할리우드 진출에 성공했다. 그녀는 끈기를 가지고 꿈을 향해 계속 도전했기 때문에 지금처럼 멋진 인생을 살고 있는 것이다.

김윤진은 꿈을 이루기 위해선 '나'를 이겨야 한다고 충고한다. 쉽게 말해 끈기로 한계를 뛰어넘어야 한다는 뜻이다.

"한국에서 주인공을 많이 한 것과는 달리 미국에서는 비중이 작은 역만 하게 되니 스트레스가 많았다. 하지만 나중에 마이너리그의 주연보다 메이저리그의 조연이 더욱 값지고 빛나는 일이라는 것을 깨달았다."

만일 그녀가 미국에서 부딪힌 수많은 어려움 때문에 자신의 연기력이나 미국에서의 성공 가능성을 의심하고 한계를 규정했다면, 결코 〈로스트〉의 배역을 따내지 못했을 것이다.

미국에서 김밥 파는 CEO로 유명한 김승호 대표 역시 한계를 뛰어넘은 사람이다. 그는 인수한 회사가 어려워지자 원형 탈모증까지 생길 정도로 스트레스를 받았다. 한 번은 너무 힘들어서 아내 앞에서 어린아이처럼 통곡하기도 했다. 하지만 항상 자신의 가능성을 믿고 패배 앞에 무릎 꿇지 않았다. 오히려 그 한계를 뛰어넘으려고 노력하고 새로운 시각으로 자신이 하는 일을 다시 보고자 했다. 그 결과 무일푼에서 700억의 기업체를 키운 대표가 될 수 있었다.

한 번은 직원이 '도저히' 어떻게 해볼 방법이 없다고 대답하자 '도 저히'라는 단어를 빼고 계획을 다시 세워보라고 요청하기도 했다. 즉 마음속에 늘 될 방법을 강구하는 그림을 그리라고 알려준 것이 다. 김 대표는 사업이 실패해서 죽기보다 힘이 들었을 때에도, 돈 이 한 푼도 없을 때에도 자신은 해낼 수 있고 이룰 수 있다는 큰 뜻 을 마음에서 저버린 적이 없었다. 힘겨워서 눈물을 흘릴지언정, 마 음속에 그린 큰 그림은 결코 포기하지 않았던 것이다.

찰스 해낼은 《성공의 문을 여는 마스터키》에서 다음과 같이 강조 한다.

> 큰 생각은 작은 생각을 없애는 성향이 있으므로, 작거나 바람직하지 않 은 생각을 없애거나 중화시키도록 큰 생각을 품는 편이 좋다. 이렇게 하 면 헤아릴 수 없이 많은 작고 거슬리는 장애물들이 사라지리라. 또 당신 은 더 큰 생각의 세계를 의식하게 되고, 그럼으로써 마음의 능력도 커지 고 동시에 중대한 일을 성취할 수 있게 된다.

생각을 크게 갖는 것 자체가 다른 잔가지 같은 작은 생각들을 걷 어낼 수 있는 가장 훌륭한 방법이다. 자기암시의 창시자로 알려진 에밀 쿠에도 '무엇이 보이는가'보다 '어떻게 보이는가'가 훨씬 중요하다고 주장한다. 자기에게 한계를 긋는 사람들에게는 모든 것이 불가능해 보인다. 하지만 큰 그림을 마음에 품은 사람은 자신의 뜻을 믿고 가능성에 더 큰 무게를 두며 가능한 면만을 바라보고 생각한다.

삶은 어떤 것을 마음에 간직하고 바라보느냐에 따라 전혀 다른 모습으로 현실화된다. 그러니 뻘밭처럼 걸음 내딛기 힘들게 하고 갈피를 잡지 못하게 하는 작은 생각들은 모두 한계를 모르는 큰 생각들로 덮어버리자.

나와의 로맨스를
꿈꾸다

어니 J. 젤린스키의 《느리게 사는 즐거움》에는 이런 구절이 있다.

> 자기 자신을 사랑한다는 것은 중요한 일이다.
>
> 다른 사람들이 당신에 대해서 뭐라고 말을 하든 어떻게 생각하든 개의치
> 말고,
>
> 심지어 어머니가 당신을 사랑하는 것보다도 더 자기 자신을 사랑해야 한다.
>
> 언제나 당신 자신과 연애하듯 삶을 살아라.

커플이거나 이미 결혼한 사람들이 솔로인 내게 "왜 아직도 솔로
예요?"라고 물으면 마땅히 대답할 말이 없다. 내가 연애를 해서 솔
로 때보다 훨씬 행복했거나 연애를 하지 않아서 불행한 적이 없기

하루 10분, 하루 한 뼘

때문에 이런 질문을 받으면 늘 곤란함을 느낀다. 연애를 하지 않는 이유는 사람마다 가지각색이다. 너무 바쁜 나머지 연애를 못 할 수도 있고, 자신감이 없어서 연애에 실패했을 수도 있다. 혹은 커플이었지만 헤어져서 솔로가 되기도 한다. 연애를 하느냐 아니냐와 상관없이 행불행을 느끼는 문제는 스스로를 어떻게 바라보는가에 달려 있다.

자신을 진정 사랑하는 사람은 다른 사람이 곁에 있든 없든 중심이 크게 흔들리지 않는다. 그래서 이별이나 관계에서 오는 좌절을 겪어도 금방 다시 일어날 수 있다. 이들은 아무리 어려운 일이 있어도 자기 자신만큼은 포기하지 않는다. 반면에 자신에 대한 사랑이 부족한 사람은 항상 타인의 사랑을 갈구하고 또 확인받아야 안심한다. 설사 곁에서 누군가가 자기를 사랑해준다고 해도 늘 부족함과 외로움을 느끼며 쉽게 우울감에 젖어든다. 이것은 도리어 관계를 유지하는 데 문제가 되기도 한다. 자기 신뢰 역시 현저히 떨어져서 도전할 수 있는 일도 거의 없다 보니 스스로 고립되는 경우도 많다. 스스로를 믿어주고 사랑하는 눈길로 볼 줄 안다는 것은 세상을 헤쳐나가고 타인들과 어울려 살아가는 데에도 가장 기본이 되는 조건이다.

오랜 시간 나 자신에 대해 긍정적으로 평가한 적이 거의 없다. 자신을 사랑하는 사람이 남들도 사랑할 줄 알고, 부당한 대우에도 정정당당히 맞설 줄 알며, 더 좋은 인간관계를 맺게 되는 법이다.

그렇지만 나는 어렸을 때에는 항상 주눅 들어 있었고 좋은 게 좋은 것이라고 생각하며 부당한 대접을 받아도 그렇게 부당한지조차 몰랐다.

같은 동네 친구 E, J 그리고 나. 우리 셋은 마을에서 삼총사였다. 가끔은 다투었지만, 항상 사이좋게 초등학교 시절을 보냈다. 그러던 어느 날, 초등학교 6학년에 올라간 우리 셋은 이별을 맞이했다. E가 아랫동네로 이사를 하게 된 것이다. 이사를 마치고 E의 엄마는 나와 J를 초대해서 짜장면을 사주셨다. 그런데 E가 내게 그 짜장면값을 달라고 요구했다. 짜장면값은 당연히 E의 엄마가 지불했지만, 그녀는 당당했다. 처음에 E의 요구에 황당하기는 했지만, '알았다'고 대답하고 말았다. 당시 짜장면값이 얼마인지 정확히 기억이 나지는 않는다. 다만 나는 필요할 때마다 엄마에게 용돈을 타 썼기 때문에 수중에 돈이 없었다. 그래서 100원, 200원씩 갚아 나가기로 했다.

조금 시간이 지나서 내가 갚아나가는 속도가 더디자 E는 갑자기 이자를 받겠다고 통보했다. 이자에 대한 개념이 뚜렷하지 않았던 나는 또 바보같이 그러라고 했다. 한 동네에서 무려 6년씩이나 친구였던 내게 돈을 받는 E가 점점 미워지기는 했지만, 나는 그래도 돈을 계속 주었다.

하루는 E와 J 엄마가 우리 집으로 찾아왔다. E가 내게 짜장면값을 받고 있었다는 것을 두 분이 어떻게 알게 됐는지는 모르지만, 그 때문에 찾아온 것이다. 아무것도 몰랐던 엄마는 두 분의 말에도 크게 놀라는 표정이 아니었다. 아마 어떻게 대처해야 하는지 잘 모르셨던 것 같다. E와 J의 엄마들은 딸들과 함께 나와 엄마에게 사과하고 또 사과했다. 나는 아무 말이 없었고, 엄마 역시 자식의 잘못을 대신 사과하는 분들 앞에서 별다른 말씀은 없었다. E는 울면서 미안하다고 하고, 그동안 가져간 돈을 내밀며 쉴 새 없이 눈물을 흘렸다.

그들이 돌아가고 나서 엄마는 내게 왜 한마디도 하지 않느냐고 화를 내셨다. 나는 "다 울잖아. 사과하잖아"라고 대답했다. 하지만 그렇게밖에 대답하지 못하는 내가 싫었다. 친구끼리 어떻게 돈 받을 생각을 할 수 있는 건지, 6학년밖에 안 된 애가 이자놀이는 어디서 배워먹은 것인지 한소리 할 수 있는 일이었음에도 멀뚱멀뚱 그 애들 우는 것만 쳐다보고 있었다.

돈을 주고 있던 그 시간 동안 엄마나 E의 어머니께 말씀드릴 수도 있었지만 함구하며 나 자신만 탓했던 것은 E가 나와 절교할까 봐 겁이 나서 그랬던 것은 아니다. 그녀가 무서워서 그런 것은 더더욱 아니었다. 단지 나는, 나를 존중하고 사랑할 줄 몰랐던 것뿐이다.

스스로를 존중할 줄도 사랑할 줄도 모르는 사람들은 무슨 일이 내게 일어나든지, 그것이 설령 나쁜 일이라 해도 당연한 것으로 받아들여 더 큰 화를 자초하기도 한다. 자신을 사랑할 줄 아는 사람은 이와 반대다. 자기 일에 대해서 항상 스스로 냉정하고 결단력 있는 태도를 취하면서도 부당한 대우를 받는다고 여기면 제대로 맞설 줄도 안다.

오프라 윈프리는 자신이 점점 유명세를 타자, 언론의 집중 관심 대상이자 공격의 대상이 됐다. 흑인으로 태어나 미혼모가 되고, 마약 복용 경력까지 있었다. 그녀의 과거는 언론의 입맛에 맞는 먹잇감이 되기에 충분했다. 하지만 도를 넘는 언론의 태도에도 그녀는 결코 당황하지 않았다.

"그래서?"

그녀는 간단하게 응수하며 언론의 부당한 공격은 자신이 전혀 신경 쓸 일이 아님을 확실히 했다. 또한 과거를 들먹이는 언론에 휘둘릴 만큼 현재의 자신이 그렇게 나약한 존재가 아님을 세상에 보여주었다. 그녀는 자신감 없고 실수와 잘못투성이였던 과거에 붙들리지 않고 자신의 현재와 미래를 사랑할 줄 아는 여자였다. 그래서 자신의 과거와 사생활에 안 좋은 말들을 갖다 붙이는 맹공에 당당하게 맞설 수 있었던 것이다.

지난날 어떤 경험을 했든지 간에 현재의 내가 아직도 사랑받지 못하는 사람이라고 생각한다면 지금 다른 사람에게 무시당하고 비난받아도 고개만 숙이고 있을 수밖에 없다. 이는 스스로 자신의 존재를 포기하는 것과 마찬가지다.

아픈 기억 하나 없거나 실수 한 번 저지르지 않고 산 사람은 없다. 과거나 현재에 어떤 모습이었든지 상관없이 스스로 사랑하기를 포기하지 않는다면 얼마든지 자신을 변화시킬 수 있다. 과거는 변할 수 없지만 현재 자신을 바라보는 관점을 변화시킨다면 과거의 자신까지도 얼마든지 포용할 수 있기 때문이다.

존 페인의 《옴니: 자기사랑으로 가는 길》에서는 이런 관점의 변화가 연습으로 키울 수 있는 능력이라고 말한다.

> "자기 존중은 연습의 문제입니다. 오늘부터 시작하십시오. 종이 한 장을 꺼내서 자신에 대해 맘에 드는 점이나 감사하게 생각하는 점 다섯 가지를 적어보십시오. 내일도 모레도 글피도 똑같이 하십시오. 매일 자신에 대해 맘에 드는 점을 적으십시오. 게임이라고 생각하고 즐거운 마음으로 임하십시오."

한 번이라도 거울을 보면서 내가 얼마나 아름다운 존재인지 생각해본 적이 있는가? 퇴근하는 길에 열심히 일해준 나에게 수고했다고 해준 적이 있는가? 좌절모드로 일관하지 않는 자신을 격려해준 적은? 아마 거의 없을 것이다. 그렇다면 지금 당장 나에게 멋진 칭찬과 사랑이 가득 담긴 말을 해주자. 누구보다 열심히 살아오며 잘 버텨온 나를 내가 격려하고 사랑하는 것은 지극히 당연한 일 아닌가.

너 자신이
되라

'나는 누구인가?'

'나는 왜 살고 있는가?'

이 심오하고도 철학적인 질문은 사람의 탄생과 함께한다. 이 질문에는 현재의 위치로 대답하는 것이 가장 간단하다. 부모님의 유전자를 받아 태어난 나는 그분들의 딸이다. 자라면서는 원하든 원치 않든 어느 학교 소속의 학생이 됐고, 결혼을 하면 누군가의 아내이자 누군가의 며느리가 될 것이다. 또 자식들을 낳으면 누군가의 부모가 되기도 한다. 하지만 자식으로서, 직장인으로서, 혹은 아내나 남편으로서, 한 사람이 여러 역할을 하다 보니 계속 혼돈이 오는 걸까? 문명이 발달하고 그 어느 시기보다 정보가 범람하는 세상에 살고 있는데도 우리는 오늘날에도 '나는 누구인가?'에 대한 질문의

하루 10분, 하루 한 뼘

답을 구하지 못하고 있다.

기독교에서 하나님은 "나는 나다"라고 스스로를 밝힌다. 나 자신이 누구인지 증명할 필요가 없이 명확한 존재다. 인류가 누구인지에 대해서도 명확하게 하나님의 자녀라고 알려준다. 그래도 사람들은 늘 자신이 누구인지를 찾아보고 싶어 한다.

파울로 코엘료의 작품인 《오 자히르》에서 주인공 '나'는 아내인 에스테르의 도움으로 베스트셀러 작가가 되어 성공 가도를 달리게 된다. 하지만 언제부터인가 자신도 모르게 그녀를 사랑하는 사람이 아닌 곁에 머무르는 별 볼 일 없는 대상물쯤으로 취급하기 시작한다. 어느 날 아내는 '나'에게 지쳐서 말없이 곁을 떠나고, 그녀를 잃은 후에야 자신이 아내를 사랑하고 집착하고 있음을 깨닫고는 혼란스러워한다. 에스테르가 바로 자신의 '자히르(한 번 만지거나 보고 나면 결코 잊을 수가 없고, 머릿속을 완전히 장악해서 광기로 몰아가는 것 혹은 사랑)'였던 것이다.

그는 아내를 알고 있는 미하일이라는 사람을 우연히 만난다. 그녀를 되찾기 위해 행적을 되짚어보면서, 아내도 참여했던 신비스러운 영적 의식에 종종 함께 참여하기도 한다.

집을 청소하고 먼지를 털어내라.
지금까지의 너이기를 그만두라.
그리고

너 자신이 되라.

'나'는 아내를 찾는 여정에서 자신을 함께 찾게 된다. 그리고 지금까지 진짜 사랑을 찾는다고 하면서 자신을 거쳤던 여자들을 떠올린다. 그녀들의 공통점은 바로 '나' 하나였다. 자신이 변하지 않으니 그토록 찾아 헤매던 진정한 사랑은 어디에서도, 어느 여인에게서도 발견할 수가 없었던 것이다.

사람은 자신이 누구인지 모를 뿐만 아니라 진짜 원하는 것이 어떤 것인지도 잘 알지 못할 때가 많다. 그래서 살아가는 내내 자신이 진정으로 원하는 것이 무엇인지 끊임없이 자문해야 하고 그 속에서 자신이 누구인지 찾아봐야 한다. 이런 고뇌에 지칠 때도 있긴 하지만 데카르트의 말대로 우리는 생각하기에 존재하는 사람이 아닌가.

나이를 먹는다고 해서 이 명제에 대한 뚜렷한 답이 있는 것은 아니다. 오히려 모호해질 때가 많다. 살아오면서 내가 누구인지 생각할 시간도 없이 달려왔고, 자신이 누구인지 그리고 무엇을 하고 싶은지보다 사회의 잣대에 나를 맞추기 위해, 남이 바라는 대로만 살기 위해 노력한 여정을 걸어왔을 때는 더욱 그렇다. 그래서 종종 나를 다시 찾는다고 긴 여행을 떠나기 위해 회사를 훌쩍 떠나는 상식적으로 이해하기 힘든 행동을 하는 동료도 있고, 새롭게 무언가를 배우기 시작하는 사람도 많은 것이다.

아내 에스테르는 남편을 떠나 많은 가르침을 얻게 된다. 그중 하

170

나가 '온전함에 이르기 위해서는 끊임없는 움직임 속에 있어야' 한다는 것이었다. 이는 예부터 수많은 학자나 도를 닦는 사람들을 통해 많이 실천됐다. 그들은 항상 자신이 머물던 곳을 떠나 세상 여기저기를 떠돌아다니며 깨달음을 구했다. 앉아 있는 자리에서는 똑같은 자신 외에는 다른 어떤 것도 발견할 수가 없기에 이들은 필연적으로 떠나야 했다. 물론 무조건 있는 자리에서 떠난다고 해서 '나는 누구인가?'라는 물음에 대한 의미가 명료해지는 것은 아니다. 역사적으로 보면 동서양의 수많은 걸출한 철학자나 배움을 갈구하는 사람들이 머물던 곳을 떠나 자신을 찾아다녔지만, 그 누구도 우리에게 정확한 해답을 제시해주지는 못했다. 결국 자신이 누구인지는 학자들의 판단에 맡기는 것이 아니라 어느 자리에서든지 스스로 찾아야 한다.

《꿈에게 기회를 주지 않는다면 꿈도 당신에게 기회를 주지 않는다》의 저자 박명숙은 불우한 환경으로 툭하면 자신을 포함하여 나머지 형제들을 원망하는 언니에게 맞고 자랐다.

"너부터는 태어나지 말았어야 했어. 네가 태어나면서부터 우리 집이 이렇게 힘들게 됐으니! 우리가 이렇게 못사는 것은 다 너희 탓이야. 너희가 없었으면 나는 대학교도 가고 유학까지 갔을 거야. 이 모든 게 너희 때문이야."

그녀의 친언니가 동생들에게 했던 말이다. 언니는 '가난'이라는 조건 때문에 자기의 우물 안에 단단히 갇혀 있는 사람이었다. 이런 말을 듣고만 있어야 했던 어린 시절의 저자나 이런 말밖에 할 줄 몰랐던 저자의 언니 모두 '나는 왜 태어난 것인지', '왜 이런 고생을 해야 하는 것인지'에 대해 내내 의문을 갖고 있지 않았을까. 고된 날들은 언니와 저자의 여린 마음을 흔들어놓기에 충분했다. 하지만 어린 박명숙은 책을 읽으며 자신을 잃지 않았고 스스로를 위로하며 자신을 지켜냈다.

지금 처한 상황이 어려울수록 내가 누구인지, 어떤 미래를 그리며 살 것인지에 대해 깊이 고찰하는 것은 매우 중요하다. 현재의 어려움은 내가 잠시 맞닥뜨린 장애물일 뿐이며, 이는 내가 얼마든지 뛰어넘을 수 있는 것이라고 믿고 끝까지 자기 자신을 독려해야 한다. 그리고 항상 무엇이 자신을 움직이게 하는지, 어떤 일을 해야 내가 가진 열정을 마지막까지 다 소진해도 후회 없을 것인지에 대해 늘 자문해야 한다. 자신이 가는 길에서 스스로를 찾게 될 것이라고 생각해야 한다.

사람은 저마다 생김새가 다를 뿐만 아니라 생각과 품은 뜻이 모두 달라서 인생의 지향점 또한 같을 수가 없다. 공장에서 찍어낸 기성복 같은 인생은 하나도 없기에 더욱 의미가 크고 존엄하다. 종교를 통해 자신을 찾아가든, 다른 어떤 철학을 통해 자신을 찾아가든 한 가지 분명한 사실은 나는 누구와 대체될 수 있는 존재가 아니라는 것이다. 이것을 진심으로 여길 때 우리는 자신이 더욱 소중한 사람이라는 사실을 받아들일 수 있게 된다.

낸시 틸먼의 《네가 태어난 날엔 곰도 춤을 추었지》에 보면 태어난다는 것 자체에 큰 의미가 있다는 것을 알 수 있다.

> 네가 태어난 그날 밤,
> 하늘은 온갖 트럼펫과
> 뿔피리를 연주했어.
> 더없이 멋지고 근사한 그날 밤
> 네가 태어난 그날 밤.

내가 태어난 날에는 하늘에서 온갖 악기가 연주되고, 해도 달도 그보다 더 밝을 수 없이 밝게 빛나며 방긋 웃는 날이었다. 태어난 것 자체로 사랑을 받고, 기쁨과 영광의 존재가 되는 날이었다. 살아가는 동안에 내가 누구인지 정확한 해답을 발견하는 그날이 올지는 모르겠다. 아직 책을 통해서 내가 누구인지 정확하게 얻어낸 것은 아니다. 하지만 나는 내가 온 우주의 축복을 받으며 태어났고 인생이라는 긴 여정을 가는 동안 나 자신에 대한 존재의 의미를 찾으려고만 한다면 얼마든지 찾을 수 있으리라는 희망을 보았다. 다만, 조금 더 빨리 알고 싶은 마음에 조바심을 갖진 않기로 했다.

희망을 부르는
긍정의 말

집에서 제일 늦게 나서는 사람이 나라서 문단속은 항상 내 차지
다. 그런데 언제부터인가 문을 잠그고 몇 발자국 떼고 나면 정말
로 잠갔는지 전혀 기억이 나지 않았다. 그래서 다시 돌아가 문고리
를 흔들어본 후에야 안심하곤 했다. 심지어 버스를 타고 가다가 왠
지 문을 잠그지 않은 것 같다는 불안함에 되돌아간 적도 있다. 반복
되는 이런 상황이 지겨워서 아침에 문을 열쇠로 잠글 때마다 "잠갔
다, 나"라고 스스로에게 말하는 규칙을 세우기도 했다.

최근에 젊은 층에서 강박 증세가 늘어나고 있다. 직장에서 상사
에게 받는 스트레스, 업무적인 스트레스, 일에 대한 여러 가지 걱
정과 복잡한 개인사들이 얽혀서 이들을 힘들게 하고 있다. 특히 양
어깨를 가장 무겁게 하는 것은 불확실한 앞날이다. 그뿐만이 아니

하루 10분, 하루 한 뼘

다. 끊임없이 경쟁에 내몰리고 타인과 비교 대상이 되는 요즘에는 특정 행동을 반복하는 강박 증상이 나타날 수 있다. 내가 문이 잠겼는지 자주 확인하는 것도 알고 보니 일종의 강박증이었다.

모든 일이 그렇겠지만, 특히 포워딩 업무는 실수가 곧장 금전적인 손해로 직결된다. 금전적 손해야 감수한다 하더라도 해결하는 데까지 시간이 걸리는 일이 다반사다. 예를 들면 수출한 물건이 중간 환승국 공항에서 없어질 때가 간혹 있다. 우리 잘못이 전혀 아니긴 하지만 우리가 계속 추적해야 하고, 추적이 쉽지 않을 때에는 불만접수를 대신 해줘야 한다. 접수 처리가 된 후부터는 항공사에서 보상금이 나올 때까지 신경 써줘야 하는데, 몇 달씩 걸리는 일이라 참 신경 쓰인다. 보상금이 나올 때까지 느긋하게 소식을 기다리는 수출업자들도 있다. 그들이 재촉하지 않아도 나는 스스로 초조해하는 성격 탓에 스트레스를 많이 받았는데, 그런 거래처는 정말 눈물 나게 고마웠다. 만화 원작으로도 드라마로도 히트한 〈미생〉의 주인공 같은 나는 업무에서 실수할까 봐 늘 불안하고, 일의 흐름이 부드럽지 못하면 민감해지곤 했다. 가끔 남들은 나보다 더 큰 잘못을 저질러도 아무렇지 않은 듯 사는 것 같다는 생각이 들기도 하는데, 그럴 때면 별거 아닌 일에 벌벌 기는 나 자신이 더욱 실망스러웠다.

이렇게 스트레스를 받고 있을 때 내가 주로 한 일은 책을 보는 것이 아니었다. 그저 TV에 눈을 고정하고 있었다. 옆으로 누워서 그다지 웃기지도 않은 예능 프로그램을 보면서 시시덕거리고 있다는 것을 느낀 어느 날, '내가 지금 무엇을 하고 있는 건가?'라는 생각이 스쳐 지나갔다. 무의미하게 TV 앞에서 시간을 버리고 있는 나를 비로소 발견한 것이다.

서른이 조금 넘어가니 시간이 너무 빨리 지나간다. 정확히 말하면 하루보다는 한 달, 한 달보다는 1년이라는 단위로 시간이 휙휙 지나간다는 걸 새삼 느끼곤 한다. 나이를 먹을수록 나 자신과 가까워지고 나에 대해 더 많이 이해할 줄 알았는데 실상은 정반대였다. 그래서 사람은 때때로 반성의 시간을 갖고 한 번쯤 자신을 돌아보아야 한다. 지금 내가 어디로 가고 있는지, 무엇을 하고 있는지, 하다못해 오늘 점심을 먹을 때 즐기는 것이 아니라 단지 배를 채우기 위해 먹은 건 아닌지 생각해볼 필요도 있다.

일이 힘들고 스트레스를 받는다는 핑계를 대고 몇 달 동안 또 책을 놓았던 적이 있다. 다시 책에 빠지자고 다짐했던 서른에 하루 한 줄이라도 꼭 읽기로 해놓고선 일이 좀 피곤하니 가장 편한 자세로 드러누워 볼 수 있는 TV에 내 시간을 다 내주었던 것이다. 재차 책으로 돌아온 후, 지난 몇 달 동안 TV로 휴식을 취했던 시간과 독서로 쉼을 얻었던 시간에 대해 생각해보았다. 역시 책을 읽는 시간이야말로 내 숨소리까지 들을 수 있는 가장 편한 휴식 시간이었다.

김중근은 《궁하면 변하고 변하면 통한다》에서 심리적인 죽음에 관해 두 가지 사실을 알려준다.

사람의 죽음을 재촉하는 심리적인 요인에는 두 가지가 있다고 한다. 첫째는 독서를 중단하는 것이다. 독서의 중단이란 곧 배움과 성장을 멈춘다는 것을 의미한다. 둘째는 무엇인가에 대한 가능성을 믿지 않는 태도다. 이것은 꿈꾸기를 중단하는 것을 의미한다. 독서와 꿈꾸기가 중단됐을 때, 다시 말하면 심성이 냉소적으로 변해 더는 새로운 가능성을 믿지 않을 때 죽기 시작한다는 것이다.

돌아보면 정말 단 한 권의 책도 읽지 않았던 20대 중후반에는 가장 심리적으로 안정되지 않은 시절이었다. 잠시 책을 손에서 놨던 그 몇 달간 정말로 나는 '마음 관리'가 잘 되지 않았다. TV에 빠져 지내던 나는 또 책으로 돌아오면서 이번에야말로 심리적인 죽음을 재촉하지 않으리라 맹세했다.

오래전 미국에서 있었던 일이다. 〈토요 리뷰〉의 노먼 카슨 편집장이 난치병에 걸렸다. 그 병은 모든 관절이 약해져 몸을 움직일 수 없게 되는 병으로 완치 확률이 0.2퍼센트에 불과했다.

어느 날 노먼 카슨은 우연히 한 건강 서적을 읽게 됐다. 그는 그 책을 읽으며 충격에 빠졌다. '부정적인 정서는 신체에 나쁜 영향을 미친다. 긍정적인 생각은 살균작용을 한다'라는 내용이 담겨 있었기 때문이다. 이후 그는 그동안 자기 자신에게 쏟아 부었던 많은 부정적인 생각과 말들을 떠올리며 깊이 반성했다.

그는 그날부터 정서에 부정적인 영향을 줄 만한 책과 TV 프로그램은 전혀 보지 않았다. 비극적이거나 폭력적인 것들을 피하고 창조적이고 긍정적인 것만 골라 보았다. 그리고 사람들에게 자신을 향해 부정적이거나 비극적인 말을 하지 말아달라고 당부했다. 그러자 그의 병실에는 즐거운 음악이 흘렀고 희망이 가득한 책들이 쌓였다. 그의 병 역시 서서히 차도를 보였다. 1년 후 노먼 카슨은 퇴원하게 됐고 그의 표정은 입원할 때보다 훨씬 밝았다. 책에 있는 메시지들을 그냥 흘려 보지 않고 자신의 행동과 습관을 돌아보는 발판으로 이용한 그는 건강도 되찾고 자신의 삶까지 변화시켰다.

언어학자에 따르면 사람은 세상을 살아가면서 하루에 최소한 3,000번 정도의 대화를 한다고 한다. 우리는 아침에 기상하면서부터 잠들 때까지 누군가와 끊임없이 대화를 한다. 그리고 그 대화에서 사용하는 말은 내게 영향을 미친다. 내게 말을 하는 사람의 언어가 나에게 영향을 미침은 물론이고, 내 입에서 나오는 말 역시 내게 영향을 끼친다. 그래서 기왕이면 아름답고 긍정적인 언어를 사용해야 한다.

이탈리아의 천재 예술가 레오나르도 다빈치. 과학자들은 레오나르도의 천재적 창조성은 선천적인 것이 아니라 후천적 노력에 기인한 것이라고 말한다. 특히 그가 즐겨 사용했던 사유 도구가 바로 '상상'과 '긍정의 입버릇'이었다. 그는 아이디어가 떠오르면 먼저 머릿속에서 구체적으로 그려보았다. 그리고 아이디어가 어느 정도 구체화되면 행동에 옮겼는데, 이 과정에서 숱하게 실패를 경험해야 했다. 실패는 그에게 좌절과 실망을 안겨줄 수도 있었지만, 그

하루 10분. 하루 한 뼘

는 그 실패를 거울삼아 반성하고 다시 일어났다. 그때 그가 포기하지 않고 일을 해낼 수 있었던 것은 '할 수 있어'라는 긍정의 메시지로 희망이 있음을 자신에게 끊임없이 확인시켜주었기 때문이다.

이러한 멋진 언어를 매일 보고 듣는 방법이 있다. 바로 책이다. 책 속에서 자신을 만날 수 있다. 내 마음을 빼닮은 구절들을 보면서 스스로를 치유하기도 하고 응원의 한마디를 수혈받을 수도 있다. 자신을 알아주는 한마디, 위로의 한 구절로 세상살이에 지치고 힘든 몸과 마음을 기댈 수 있는 것은 책이 사람이고 사람이 책이기 때문이다. 그러니 언제 어디서나 읽자. 좋은 사람이 쓴 좋은 말과 글이 내 마음과 머릿속으로 흘러들게 하자. 맑고 투명한 글들이 내 마음에 온통 차올라서 희망이 저절로 샘솟게 하자.

4장

하루 10분,
삶을
바꾸다

나에게 선물하는
하루 10분

선물은 사람을 기쁘게 하는 힘이 있다. 받는 사람은 나를 생각해 주는 상대방이 고맙고, 주는 사람은 선물을 받는 사람이 행복해하는 모습을 보며 즐겁다. 주는 데도 기쁜 것은 마음과 선물뿐이다.

가끔 SNS상에 '올 한 해 수고한 나를 위한 선물'이라는 제목으로 구두를 찍어 올리거나, 여행 준비를 하는 사람들이 있다. 예전에는 단순히 자랑하려고 찍어서 올린 것으로밖에 보이지 않았다. 물론 정말 자랑하려고 올린 사진일 수도 있다. 하지만 이런 사진들이 이제는 조금 새롭게 보인다. 자신에게 힘을 주고 동기부여가 되는 방법을 찾아서 실행에 옮기겠다는데 누가 뭐라고 하겠는가.

베이징은 유학생들로 넘쳐난다. 내가 유학하던 당시에는 한국인이 가장 많았고, 일본인과 미국인 유학생이 그 뒤를 이었다. 그래

하루 10분, 하루 한 뼘

서 외국인을 상대로 하는 현지 전문요리점도 여기저기 산재해 있었는데, 우리 학교에서 택시로 20분 이내면 갈 수 있는 가까운 거리에 좋은 음식점들이 많이 있었다.

재학 중일 때에는 시험을 다 마치고 나서 나에게 먹을 것으로 선물을 하곤 했다. 태어나서 레토르트 식품 카레가 아닌, 인도카레를 처음 맛본 곳이 바로 베이징에서였다. 카레 하나와 난(인도카레와 함께 먹는 화덕에 구운 빵)을 주문하면 거의 100위안이 나왔다. 100위안이면 우리나라 돈으로 17,000원 안팎이지만 내 일주일치 생필품과 식대의 절반 정도나 되는 금액이기 때문에 가난한 유학생으로서는 적은 돈이 아니다. 한국에서야 나가서 먹으면 1~2만 원 정도 나오는 게 당연하니 그냥 별생각 없이 지불하지만, 우리나라보다 약간 낮았던 당시 베이징 물가에 맞춰봤을 때 벌어 쓰지 못하는 학생 신분에는 적지 않은 돈이었다.

시험을 잘 본 것 같은 예감이 드는 날은 조금은 홀가분한 기분으로 미리 자축하고 싶었다. 하지만 항상 성적이 모두 발표될 때까지 기다렸다. 혹시라도 기대했던 점수와 다르면 인도카레가 아무리 맛있다 한들 그 맛이 반감될 수도 있기 때문이다. 다행히 매번 기대한 만큼 점수를 받아서 더 맛있는 카레를 먹을 수 있었다. 2층에 함께 사는 이웃 외국인 친구들과 함께했기에 더욱 재미있었다. 그때는 나도 스스로를 격려할 줄 아는 여자였다.

한국에 와서 취업의 벽에 부딪히며 깨달은 것 중 하나는 힐링하기 위해 시간을 내는 것도 스스로가 마음에 여유를 만들 수 있는 사람이라야 가능하다는 점이었다. 이력서를 제출하고 불안함에 어떻게 살아가야 할지 막막했던 당시에는 누구와 밥을 먹어도, 좋은 곳에 가서 쇼핑을 해도 순간적인 즐거움 외에는 남는 것이 하나도 없었다.

학창 시절에 책을 좋아했던 것이 맞나 싶을 정도로 20대에는 책을 멀리했다. 그런데 나이 앞자리가 바뀌고 나니 '이대로 나이만 먹어가고 있구나'로 시작된 자책이 무엇이라도 해야겠다는 의무감으로 바뀌었다. 때마침 심적으로 불안하고 스트레스 또한 많아서 더욱 나를 위로해줄 무언가가 필요했다. 책은 그때 다시 내 앞에 나타난 구원자였다.

> (…) 우리는 독서에서 무언가 기대하는 바가 있어야 마땅하다. 그리고 더 풍성한 힘을 얻고자 온 힘을 기울이고 의식적으로 자신을 재발견하기 위해 스스로를 버리고 몰두할 줄 알아야 한다. 한 권 한 권 책을 읽어 나가면서 기쁨이나 위로 혹은 마음의 평안이나 힘을 얻지 못한다면, 문학사를 줄줄 꿰고 있다 한들 무슨 소용인가? 아무 생각 없이 산만한 정신으로 책을 읽는 건 눈을 감은 채 아름다운 풍경 속을 거니는 것과 다를 바 없다.

《헤르만 헤세의 독서의 기술》에 담긴 구절이다. 나는 책을 다시 찾았던 그때 무언가를 기대한 것은 아니었다. 그저 혼자서 스트레스를 풀 방법으로 택한 것뿐이었다. 그런데 읽으면 읽을수록 내 마음이 편해지고 차분해짐을 느꼈다. 시간이 좀 지나서야 나도 '위로'라는 목적으로 책을 읽고 있었구나 하는 것을 알았다. 역시 책을 읽는 것은 삶과 연관된 목적이 있어야 한다.

어떤 사람들은 책 한 권을 한순간에 읽으면서 마음의 평안을 되찾았다고 하는데, 오래간만에 책을 손에 들어서 그런지 나는 오랜 시간 집중하기가 힘들었다. 하지만 어렵사리 다잡은 책을 보겠다는 결심을 이렇게 놓치고 싶지는 않았다. 그래서 처음에는 시간이 날 때, 읽을 수 있는 만큼만, 눈에 들어오는 만큼만 읽기로 했다. 단, 빼놓지 않고 매일 읽는 것을 목표로 했다. 이번에는 반드시 책 보는 것을 평생의 습관으로 가져가겠다고 다짐했다.

먼저 예전에 읽으면서 감동을 받았던 책들을 다시 펼쳐 보았다. 방이 좁아 귀국하면서 이미 많은 책을 치워버렸기 때문에, 집에 남아 있는 책은 사실상 거의 없었다. 봤던 책을 또 사기에는 아깝다는 생각이 들어서 퇴근하고 거리가 가까운 광화문의 큰 서점으로 가기 시작했다. 오래간만에 들어선 서점은 사람들로 북적였지만, 무척 편안했다. 책 냄새인지 향수인지 모를 기분 좋은 향이 코끝을 스쳤다. 책장 사이를 지나갈 때면 많은 이들과 옷깃이 스쳤는데 책을 손에 들고 있는 나와 그 책들을 지나치는 사람 사이의 묘한 이질감을 형성했다. 평소에 역사에 관심이 많았던 나는 오래간만에 찾은 서점에서도 역시 제일 먼저 역사서 코너로 향했다. 한국사 관련 책을 읽으며 그야말로 '꿀 재미'를 느꼈다. 한국에 와서 이제야 치유가 되는 공간을 찾은 것이다.

심리학 용어 중에 '자아 효능감'이라는 것이 있다. 자신에 대한 신념이나 기대치 정도를 가리키는 말이다. 높은 자아 효능감은 긍정적인 자아인지를 촉진할 뿐만 아니라 어떤 과제나 일을 수행할 수 있다고 믿게 해주어 스스로를 잘 다스릴 수 있게 도와준다. 이는 본인에게 상당한 만족감을 주어 안정된 생활을 영위하게 해준다. 나는 자아 효능감이 낮은 사람이었다. 스스로를 유능하지 못하고, 타인과 비교해서 많이 뒤처진다고 생각했다. 그리고 작은 잘못을 저질러도 그것이 마치 내 모든 일 처리를 대변하는 것 같아서 큰 실망감에 더욱 스트레스를 받았다. 하지만 하루 이틀 다시 책을 가까이한 덕분에 나의 이런 내면을 변화시키고 싶다는 생각이 들었다. 그리고 시간이 오래 걸릴지라도 책을 통해서 서서히 나 자신을 다스릴 수 있는 사람이 되리라고 기대하게 됐다. 예전에는 잘 읽지 않았던 자기계발서도 읽으면서 수없는 시련과 고난을 극복한 사람들의 이야기에 푹 빠졌다.

오프라 윈프리는 독서에 관해서 훌륭한 말을 남겼다. 그녀 자신이 책으로 달라졌기 때문이다.

"책을 통해 나는 인생에 가능성이 있다는 것과 세상에 나처럼 사는 사람이 또 있다는 걸 알았다. 독서는 내게 희망을 줬다. 책은 내게 열린 문과 같았다."

힘든 어린 시절을 보낸 그녀는 자신이 심적으로 안정되고 성공을 이룬 비결로 주저 없이 '독서'를 꼽는다. 그녀는 어린 시절부터 책을 가까이했다. 그녀의 엄마가 책을 읽지 못하게 구박했지만 그녀는 책을 손에서 놓지 않았다. 책을 통해 자신보다 더 힘든 상황에서도 용기와 희망을 잃지 않고 노력해 성공한 사람들의 이야기를 접했다. 그리고 자신 역시 그들처럼 할 수 있다는 긍정적인 사고로 꿈을 향해 도전했다. 그 결과 지금의 인생을 창조해냈다.

독서는 분명히 안식을 주고, 희망을 선사한다. 처음 시작하기가 어렵다면 하루에 10분으로 시작하면 된다. 하루에 10분씩만 읽어도 매일 빼먹지 않는다는 전제하에 1년이면 15권 정도의 책을 읽을 수 있다. 이는 우리나라 성인 독서량의 수준을 웃돈다. 나를 위한 시간이라고 하기에는 하루 10분이 짧은 것 같지만, 그동안 '오로지 나를 위한' 시간을 마련해본 적이 없는 사람에게는 귀한 시간이 될 것이다. 그러니 일단 10분이라도 독서에 시간을 내자. 내 마음의 안정과 기쁨을 동시에 찾아줄 선물 같은 시간이 된다는 것을 깨닫는 데 그리 오래 걸리지 않을 것이다.

우리는 완성되지 않은
한 권의 책이다

　세상이라는 대학에서 내 인생이라는 전공을 무리 없이 배우고 졸업하는 건 여간 힘든 일이 아니다. 혼자라면 혼자여서, 사람들과 함께라면 또 함께여서 이런저런 문제에 부딪히고, 때로는 해결책이 없는 것 같은 문제를 풀어대느라 정신이 없다. 각자가 살아가는 방식이 다르고 느끼는 것, 생각하는 것도 확연히 차이가 난다. 그로 인해 우리는 많은 갈등과 반목을 경험하고, 깨지고 다치는 일이 다반사다.

　인생에서 이수해야 할 과목 중에는 기쁨으로 술술 배워나갈 수 있는 것도 종종 있긴 하지만, 조금은 이해가 되지 않는 과목들이 더 많다. 사실은 아픔과 슬픔이 더 많은 페이지를 채우고 있기도 하다. 그래서 사람들은 겉으로는 아무렇지 않아 보이지만 삶에서 각

하루 10분, 하루 한 뼘

자가 짊어진 짐의 무게에 늘 힘들어하는 것이리라.

가끔 할머니들과 이야기를 나누다 보면 이런 말씀을 하신다.

"아, 내 얘기를 책으로 쓰면 열두 권은 더 나와."

우리 할머니·할아버지 세대는 일제 강점기 때 유년을 보내고, 6·25 전쟁을 겪으면서 힘들게 살아오신 만큼 그분들이 감내해야 했던 인생 드라마는 책으로 엮는다면 실로 한 권으로는 부족할 듯 싶다. 그들의 삶은 대필이 불가능한 자신들만의 책이다. 마찬가지로 사람들의 모든 생에는 자신만이 쓸 수 있는 이야기가 있다. 절대로 대체 불가능한 이야기들이며, 그 속에는 같은 상황에서도 전혀 다른 저마다의 세계가 녹아 있다.

비스와바 쉼보르스카의 시 〈두 번은 없다〉에는 다음과 같은 구절이 있다.

두 번은 없다. 지금도 그렇고
앞으로도 그럴 것이다. 그러므로 우리는
아무런 연습 없이 태어나서
아무런 훈련 없이 죽는다.

혹자는 말한다. 20대는 20년이고, 30대는 30시간이요, 40대는 40분이고, 50대는 50초라고. 세월과 함께 시간의 흐름이 점점 **빨**라지고 빨라진 시간만큼 늙어가는데, 연습 없이 살아야 하는 인생이 억울하다고. 하지만 우리 모두는 바로 실전에 투입되어 살고 있기 때문에 혼자 억울해할 필요는 없다. 나는 내 앞에 주어진 페이지만 한 장씩 충실히 채우면 되는 것이다.

어떤 때는 오래된 걸레처럼 찌들어 너덜너덜해진 일상을 부여잡고 사는 것 같기도 하다. 아픔과 슬픔, 고뇌에 익숙해지는 사람은 없다. 다만 참고 견딜 뿐이다. 참고 또 참는 자신이 바보 같기도 하지만, 견뎌온 날들에서 겪고 느끼고 배운 바가 있다면 그것 자체로 다행이다. 그것으로도 내 인생을 장식할 한 페이지쯤은 거뜬하게 쓸 수 있고, 주위의 사랑하는 사람에게 멋진 조언도 할 수 있으니까. 하지만 조금만 게으름을 피운다면 한 줄 써내려가는 것도 여간 힘든 게 아니다. 오늘 할 일을 내일로 미루고, 내일 할 일도 그다음날로 미룬다면 작성하지 못했던 한 줄은 한 장이 되고 두 장이 되어 어느새 쌓인 흰 여백만 바라보며 한숨지을지도 모른다. 반대로 너무 생각 없이 살면서 휘갈겨 써놓으면 추억할 수 있는 것도, 아름다운 기억으로 남을 일도 모두 알아보기 힘들게 된다.

나중에 내 인생의 아무 페이지나 펼쳐 보았을 때 그저 흰 공간만 덩그러니 있거나 지나치게 휘갈겨 써서 나조차도 알아볼 수 없는 페이지라면, 나 자신에게 미안해질 것이다. 그래서 한 장, 한 줄을 정성스럽게 써내려가듯이 내 인생을 귀하게 여겨야 한다.

잘 쓰든 못 쓰든 써내려가면 언젠가는 책장까지 모두 덮어야만 하는 날이 온다는 것을 직감하는 사람들은 자신의 삶을 대충 끝내길 원치 않는다. 그들은 끝까지 써내기 위해 오늘 더욱 열심히 살고 있다. 채워져 넘어가는 페이지를 볼 때마다 자신의 인생이 얼마나

하루 10분, 하루 한 뼘

소중하고, 가는 시간이 얼마나 아까운지 느끼고 있기 때문이다.

존 쿳시의 《슬로우 맨》에 다음과 같은 말이 있다.

> 인생의 새 장이 열리고 옛 장은 덮였어요. 당신은 그것에 작별인사를 하고 새것을 받아들여야 해요. 받아들이세요. 그렇게만 하면 돼요. 그렇게 되면 닫혔다고 생각했던 모든 문이 열릴 거예요. 두고 보세요.

인생이라는 책에서 과거 파트는 고칠 수가 없다. 안타까운 점이다. 잘못했던 일, 실수했던 일들을 모두 깨끗하게 지울 수 있다면 나의 책은 달라져 있을 것만 같다. 하지만 누구도 과거는 고쳐 쓸 수가 없으며, 이는 모든 이에게 공평하다.

그 대신 현재와 미래 파트는 얼마든지 고쳐 쓸 수 있다. 만약 과거는 고칠 수 있고 미래를 고칠 수 없다면, 이것이 오히려 더욱 절망스러운 일일 것이다. 과거를 고쳐도 현재와 미래는 크게 달라지지 않을 테니. 다행히도 우리 인생은 그 반대여서 사람은 언제든지 새로운 희망을 한 번 더 써내려갈 수가 있다. 그러니 인생이라는 책을 써내려갈 때 자꾸 앞장을 보려 하지 말자. 과거의 잊고 싶은 기억을 굳이 찾아내어 그때 느꼈던 감정들을 다시 한 번 느낀다는 것은 그 과거를 현재로 끌어오는 행위다. 과거에 잡혀 있으면 과거가 현재가 된다. 그렇게 되면 고쳐 쓰기 힘들어진다.

과거 파트는 이미 마침표가 찍혔다. 과거 파트를 들춰 보는 사람 치고 현재에 충실할 수 있는 사람이 없다는 것을 알고 있다면, 우리는 이미 쓰인 곳을 지나쳐 현재 페이지에 집중할 수 있을 것이다. 지금 내가 해야 할 일은 오로지 쓰고 있는 현재 파트에 집중하는 일이다. 이 순간에 몰입하고 최선을 다하면, 오늘 적어 내려가야 할 한 페이지는 거뜬히 작성된다.

너무 바빠서 자신이 지금 어떻게 살고 있는 건지 잘 모를 때에는 딱 두 가지만 해보자. 현재 누리고 있는 모든 것에 감사 인사를 드리는 것과 내게 주어진 '지금'이라는 시간에 다시 한 번 집중하며 미래를 다짐하는 것이다. 현재에 집중한다는 것은 그 시간 자체에 최선을 다하면서 동시에 미래를 준비하겠다는 의지의 반영이다. 그래서 지금에 충실한 삶은 남보다 더욱 치열하고 힘들지도 모른다. 하지만 그만큼 내가 써야 할 페이지는 채워지고, 또 그것이 과거가 됐을 때는 어느 때보다도 아름다워진다.

미래는 참으로 이상하고도 신기한 단어다. 가볼 수도 없고 본 사람도 없기에 기대가 되기도 하지만, 동시에 마음속에 두려움을 불러들이기 때문이다. 더 먼 미래일수록 두려움은 눈덩이처럼 불어난다. 10년 후, 20년 후를 생각하면 까마득하기만 하다. 어떤 때는 그 미래가 나에게는 오지 않을 것 같기도 하다. 하얀 여백뿐인 책장을 몇백 페이지나 채워야 하는 것처럼 미래를 떠올려보면 갑갑할 때도 있다. 이런 두려움은 지금 철저히 준비가 되어 있어도 마찬가지다. 준비는 기대치를 더욱 크게 해줄 뿐, 미래에 대한 두려움을 아예 없애주는 것은 아니다. 다만 현재를 충실하게 써내려왔다면 그것이 밑바탕이 되어주리라 믿을 수 있다. 그래서 두려움을 줄일 수 있다.

　인생이라는 장서를 써갈 때 하나만 기억하면 된다. 현재와 미래는 언제든지 '내가 원하는 대로' 고쳐 써갈 수 있다는 사실이다. 그러니 좌절모드로 땅만 쳐다보지 말고 고개를 들어 하늘을 쳐다보자. 그리고 생각하자. 내가 지금 어떤 이야기를 써내려가는 중인지, 앞으로 쓰고 싶은 인생의 이야기가 무엇인지를. 그리고 생각을 마쳤다면 생각한 대로 시도하고 도전하자. 고쳐 쓰기가 가능하다는 이 하나의 사실만으로도 신대륙을 발견한 것과 마찬가지이니!

책으로 배우는
위로의 기술

할 일 없는 오후에 TV에선 재방송만 나오고, 어디 갈 데도 마땅치 않아 따분할 때 곁에 있는 책에 한 번쯤 눈길이 갈 것이다. 이럴 때 우리는 시간을 때우기 위해 심심풀이로 책을 읽게 된다. 하지만 이렇게 읽어봤자 남는 건 하나 없고, '언제 다 읽어?' 하는 의문과 함께 갑자기 책이 두 배는 더 두꺼워 보인다. 결국 더 쉽고, 더 가벼운 재미를 찾아 책을 손에서 놓게 된다.

그럼 목적을 갖고 책을 읽어보면 어떨까? 2014년 상반기 출판 산업 현황을 보면 초중고 학습서나, 외국어, 취업 관련서의 판매 비중이 32.4퍼센트나 되어 가장 많은 비중을 차지했다. 지적 호기심을 채우거나 무엇인가를 배운다는 것은 항상 독서의 가장 큰 목적이었다. 물론 이러한 목적으로 지식을 채우는 것도 좋지만, 오늘은

하루 10분, 하루 한 뼘

그동안 잘 견뎌준 나 자신을 위해 '충전을 위한 읽기'라는 목적으로 책을 선택해보자.

'윤대현의 마음연구소'로 많은 이들의 고민을 치유하고 있는 윤대현 씨는 YES24와의 인터뷰에서 책의 힐링 효과에 대해 다음과 같이 말했다.

"힐링을 하려면 마음을 열고 에너지를 줄 수 있는 무언가와 연결을 해야 하는데요. 이렇게 힐링을 말하는 시대에 책은 점점 안 읽는다는 것이 참 아이러니해요."

마음을 활짝 열고 에너지를 받을 수 있다면 치유는 언제든지 가능하다. 책은 아무 때나 이런 에너지원이 되어준다. 그렇다면 어떻게 읽어야 책에서 위로받으며 동시에 독서 습관도 만들 수 있을까? 먼저, 책을 구입해야 한다. 빌리는 것도 좋지만 구입해야 '내 것'이 될 수 있다. 나는 바쁠 때는 어쩔 수 없지만 직접 서점에 가는 것을 선호한다. 회사에서 광화문에 있는 큰 서점까지 30분밖에 걸리지 않아서이기도 하고, 집이나 사무실을 떠나 익숙하지 않은 분위기가 주는 약간의 긴장감으로 짜릿할 때도 있기 때문이다.

나처럼 오랜 시간 읽지 않은 후에 다시 책을 접하는 경우라면 독서가 생활 속에 들어올 때까지는 시간이 걸린다. 이때에는 10분에서 30분씩 정해놓은 시간에 집중해서 책을 읽는 것만으로 만족하는 것도 좋다. 사실 10분이란 게 짧은 시간이긴 하지만, 매일 빼놓지 않는다는 건 뜻밖에 어렵다. 그러니 처음에는 무리하지 않는 계획을 세워서 습관으로 굳혀간다고 생각하는 것이 좋다. 물론 술술 잘 읽히는 날도 있다. 이런 날에는 굳이 10분이 아니라 한 시간이든 다섯 시간이든 원하는 만큼 읽으면 된다. 목표했던 10분의 몇 배 많은 시간을 읽은 날은 그 자체로 작은 뿌듯함을 가져오기도 한다. 목표를 초과 달성했다는 느낌이 책을 읽은 것만큼이나 힐링 효과를 줄 수 있다.

책의 종류는 크게 상관없다. 자신에게 책을 고르는 기준이 명확히 있다면 그 기준대로 하면 된다. 그렇지 않다면 참고도서 목록이나 서평 등을 참고하여 마음에 드는 책을 고르면 된다. 다만 반드시 내 마음에 드는 책으로 시작해야 한다. 남의 의견보다는 내 느낌을 우선하는 것이 자신의 힐링을 위한 좋은 선택이다.

그다음으로 읽을 장소는 편한 곳이면 된다. 커피숍이나 도서관도 좋고, 눈물이 많은 사람이라면 아무래도 혼자 있는 것이 더욱 좋을 것이다. 다만 집에서 책을 읽을 때에는 마음을 위로하기 위해 읽는다고 무조건 침대에 누워서 보지는 말자. 책이 수면제로 변하는 건 한순간이다. 짧은 10분, 어차피 나를 위해 할애하기로 한 시간이니 정식으로 책상에서 읽자.

책을 읽을 때 보통 본문으로 바로 들어가는데, 나는 먼저 책의 앞뒤 표지와 앞표지 뒷면의 저자 프로필까지도 살펴서 눈에 익혀두기를 권한다. 새 책이어도 마치 이전에 본 적이 있는 낯익은 친구처럼 다가오기 때문이다. 그러면 혹시 사두었다가 바로 읽지 못하고 책꽂이에 꽂아두더라도 한번 친근해졌던 책은 다시 찾게 된다.

하루 10분, 하루 한 뼘

그다음으로 저자의 프롤로그나 서문을 꼭 읽기를 권한다. 프롤로그는 저자가 처음부터 쓰는 것이 아니다. 보통 한 권의 책을 다 쓰고 나서 마지막으로 작성하게 된다. 그 속에는 저자가 이 책을 쓴 최종 목적뿐만 아니라 한 권의 책을 완성한 후에 변화된 마음가짐까지 고스란히 담겨 있다. 그래서 프롤로그에서 마음에 와 닿는 글을 발견할 때도 많다.

이를 토대로 본문을 펼치기 전에 간단한 자기암시를 하는 것이 책을 더욱 친근하게 해준다. 저자는 프롤로그에 독자들이 이 책을 어떤 시각으로 봐주길 바라는지를 함께 적어놓는 경우가 대부분이다. 따라서 책에서 저자의 바람이 무엇인지 파악할 수 있고, 내 마음의 어떤 부분이 이 책에서 위안을 얻을 수 있는지도 상상해볼 수 있다.

예를 들면 박종인의 《한국의 고집쟁이들》 서문 마지막에는 이런 구절이 있다.

그 우주 이야기, 한번 엿보기로 하자.

나는 이 말대로 저자가 인터뷰하는 모습을 내가 한쪽 구석에서 엿보는 상상을 시작했다. 그리고 '나는 지금 이 책 속 주인공들의 노하우를 귀동냥하고 있다. 나는 인생의 교훈을 얻을 것이다'라고 스스로에게 몇 마디를 건넸다. 이제 이 책은 내게 상상 속의 '오디오 북'이 된 셈이다.

10분은 짧은 시간이기 때문에 이 같은 자기암시는 집중해서 읽을 준비를 하게 도와준다. 이때 잠재의식에 좋은 표현이 담긴 말을 많이 해주자. 책에서 내 마음을 달랠 수 있는 글을 얻을 수 있기를 긍정적인 말로 표현해보자. 나도 모르는 내 마음속 깊은 곳에까지 책의 글귀들이 흘러들어 갈 것을 상상해보자. 그것만으로도 더욱 몰입할 수 있는 환경이 만들어진다. 자기암시는 이렇게 말로 중얼거려도 좋고, 프롤로그의 여백을 이용해서 한 줄 적어봐도 좋다. 자리를 잡고 앉아서 책을 펼치고 짧은 자기암시를 끝내는 데까지는 5분 정도만 있으면 된다. 자기암시나 스토리텔링은 어려운 것이 아니다. 책과 연관 지어서 나에게 하고 싶은 좋은 말을 하면 된다. 읽어나갈 때는 펜을 손에 들고 마음에 와 닿는 구절에는 표시를 해둔다. 그러면 기억에 좀더 오래 각인될 것이다.

5분의 자기암시 후에는 본격적으로 10분 동안 책의 세계에 푹 빠진다. 엄청나게 바쁠 때에는 잠깐의 짬도 내기 어렵기 때문에 10분도 긴 시간일 수 있다. 하지만 솔직히 말해서 마음만 먹으면 언제든 확보할 수 있는 시간이다. 버스를 기다리며, 지하철 안에서, 쉬는 시간에, 혹은 점심시간에도 10분은 있다. 그러니 못 읽을 핑계를 찾기보다는 읽을 시간을 찾아보자.

프랜시스 베이컨은 반박하거나 오류를 찾아내려고 책을 읽지 말고, 이야기와 담화를 찾아내려고도 읽지 말며, 단지 숙고하고 고려하기 위하여 읽으라고 강조했다. 읽은 후에는 사색이 중요하다는 의미다. 사색의 시간 역시 책을 읽고 난 후 5~10분이면 충분하다.

이때의 '사색'이라는 것은 내가 책을 통해 어떤 부분이나 구절에서 힐링이 됐는지를 반추하는 것이다. 나와의 연관성을 찾지 못하고 그냥 쭉쭉 읽어나가는 책 읽기는 남는 것 없이 책 한 권을 '떼는' 것밖에 되지 않는다. 방관자가 되어 책을 보지 말고 늘 당사자 입장에서 생각하며 나를 대입해서 읽어야 한다. 오늘 나의 기분을 살피고 책 내용 중에 어느 부분이 가슴에 와 닿았는지 다시 확인해보자. 아무리 나와 맞지 않는 책을 골랐다 해도 마음에 와 닿는 문장이 단 한 개도 없을 리는 없다.

이렇게 읽으면 우리는 약 20분을 책 읽는 것에 투자한 셈이 된다. 앞의 5분은 자기암시를 하고, 뒤의 5분은 생각을 정리한다. 평소에 가져본 적 없는 이러한 시간은 처음엔 어색하게 느껴질 것이다. 뜻밖에 5분이 길다고 생각되기도 할 것이다. 하지만 시간이 지나면 5분이라는 시간이 오히려 짧게 느껴질 만큼 사유가 깊어진다. 깊어진 사유만큼 힐링도 깊어진다.

《나는 읽는 대로 만들어진다》에서 저자 이희석은 독서에 대해 다음과 같이 말했다.

> 책을 읽지 않는 사람들은 듣는 것으로 만들어진다. 듣는 것도 없으면 보는 것으로 만들어진다. 읽는 것, 듣는 것, 보는 것은 모두 사람들에 의해 형성된 것이니, 결국 우리는 우리가 만나는 사람들의 영향을 받아 만들어지는 것이다.

듣는 것이나 보는 것, 그리고 만나는 사람과 나누는 대화는 자신이 선택할 수 없는 때가 많다. 그럼에도 매일 누군가 또는 무엇과 접하게 되며, 그들이 자신에게 미치는 영향력은 긍정적일 수도 부정적일 수도 있다. 하지만 책은 다르다. 대개 필요나 의도에 의해서 구입하여 읽게 된다. 내게 미칠 영향을 선택할 권리가 나에게 주어져 있다는 뜻이다. 그러니 내 손으로 신중하게 고른 책 한 권과 나 자신에게 할애한 10분은 스스로에게 가장 좋은 영향력을 끼칠 수 있는 최고의 선물임을 잊지 말자.

하루 10분, 하루 한 뼘

뜨겁고 매운
한 줄

《그리스인 조르바》를 처음 읽었을 때는 어려서 그랬는지 내가 이 책을 왜 골랐을까, 돈이 아깝다고 생각했다. 사실 그때는 어린 마음에 난해하고 유명한 책을 읽으며 스스로 만족감에 젖어보고 싶었다.

처음 만난 조르바는 난봉꾼이고, 가족보다도 산투르라는 악기를 더 좋아하는 무책임한 사람이었다. 특히 여성 편력 환자 같은 조르바의 여성에 대한 의견은 제일 싫은 부분이었다. 내가 여자여서 더욱 여자에 관한 조르바의 생각이 비정상적으로 보인 면도 있겠지만 이해할 수 없고 재미도 없어서 책을 덮었다. 그리고 미련 없이 쓰레기통에 버렸다.

그렇게 한참 잊고 지내던 조르바를 다시 만난 것은 서른이 넘어 새로운 고민들로 하루하루를 살 때였다. 우연히 다시 만나게 된 조르바는 예전과는 많이 달랐다. 나이를 먹어가는 게 그리 달가운 일은 아니지만, 나도 모르게 이전에는 보이지 않던 다른 면을 볼 수 있게 된다는 점에서는 획기적인 사건이라고 보아야 할 것 같다. 나는 먼저 사회생활이 내 생각만큼 쉽지 않다는 것을 알았다. 그 속에서 아직 무엇을 해야 할지 정하지 못한 사람은 더더욱 발붙일 자리가 없다는 것을 확인하게 됐다. 사람들이 말하는 '열심' 역시 내가 만족하는 수준이 아니라 그 이상이라는 것도 차츰 깨닫게 됐다.

나에 대한 혼란이 오고 현실세계가 힘든 만큼 조르바는 더욱 부러운 인물이었다. 니코스 카잔차키스의 조르바는 그의 자전적인 소설로, 조르바는 그가 서른네 살 될 때 만났던 실존인물이다. 그가 살던 세상 역시 오늘날 못지않게 녹록지 않았는데, 그는 어떻게 그렇게까지 '자유'를 노래하고 살았는지 모르겠다. 그가 말하는 모든 것이 부럽고, 조르바의 행동에 조금은 동의를 표하고 싶어졌다.

물론 카잔차키스가 다시 환생하여 조르바를 새로 쓰지 않는 이상 내가 다시 만난 조르바는 여전히 난봉꾼이고 망나니에 신성 모독까지 하는, 내가 쉽게 정의할 수 없는 사람이다. 아직도 조르바의 행동 모두가 이해가 되는 것은 아니다. 어쩌면 내가 마흔 줄에 들어서도 이해하지 못할지도 모른다. 하지만 다시 읽은 《그리스인 조르바》는 자신의 목숨이 위태로운 것을 알면서 갱도에서 위험을 무릅쓰는 살신성인의 정신을 발휘하기도 하고, 여자의 볼멘소리에 꼼

하루 10분, 하루 한 뼘

짝달싹하지 못하는 나약한 심성을 지닌 더욱 알다가도 모를 사람이 되어 있었다.

그는 사람이 무엇이냐는 질문에 서슴없이 "자유라는 거지!"라고 말한다. 사람의 존재 자체가 자유라는 그의 말은 신이 인간에게 자유 의지를 주었다는 말처럼 그 의미가 실감 나게 다가오지는 않았다. 책을 읽는 그 순간에도 나는 돈만 있으면 먹을 것 마음대로 먹고, 입을 것 마음대로 사고, 가고 싶은 것 놀고 싶은 것 모두 내 마음대로이니 자유는 당연한 것이 아닌가라고 가볍게 생각했다. 하지만 책을 덮고 나서 '내가 진짜 자유를 누리며 살고 있나'에 대해 깊이 생각해보게 됐다. 생각하면 할수록 나는 진정한 자유를 잘 모르는 사람이었다.

사람은 태어나자마자 한 국가의 문화나 도덕에 속하고, 주어진 교육의 테두리에서 커야 한다. 사회가 미리 정해놓은 규범과 법률이 합리적인 것 같지 않다고 해도 꼭 따라야 한다. 법률이나 규범 같은 것은 사람과 사람 사이의 윤활유가 되는 것들이니 그렇다고 치지만, 이런 규범들만 사람을 속박하는 것은 아니다. 내 머릿속에는 한 집안의 사람으로, 한국인으로, 동양인으로 태어나서 나도 모르게 갖고 있는 편견이 존재하고, 내가 심어놓지도 않은 사상이 머릿속 한구석에 자리 잡고 굴러가고 있다.

조르바는 이런 것과 거리가 먼 사람이다. 도자기 만드는 것에 푹 빠진 그를 걸리적거리게 했던 것은 다름 아닌 자신의 왼쪽 집게손가락이었다. 그래서 그는 자신의 손가락을 절반 이상 잘라버리는,

도저히 상상도 할 수 없는 기행을 저질렀다. 또한 여자를 만나 마음껏 사랑하고, 거침없이 내뱉는 말들은 오로지 자기 스스로를 속이지 않으려는 마음의 발현이며, 인간 그대로의 모습, 즉 자유로운 영혼에서 나온 것이다.

《어느 무명 철학자의 유쾌한 행복론》의 저자 전시륜은 충청도 출신의 자칭 촌놈이었다. 그는 미국까지 건너가 멋진 철학자가 됐다. 그는 사는 내내 세 가지를 꼭 지켰다. 첫째, 자명종은 절대 맞춰두지 않는다. 둘째, 먹고 싶은 음식을 마음대로 먹는다. 셋째, 넥타이를 매지 않는다. 그는 결혼 첫날밤에도 밤 아홉 시에 잠자리에 들어 아침 일곱 시에 일어났고, 음식을 먹을 때도 몸에 이로운 음식보다는 혀가 좋아하는 것으로만 골라 먹으며 만족했다. 회사 방침상 넥타이 착용이 필수라면 일하고 싶지 않다고 당당히 말하기도 했다. 그는 조르바처럼 하고 싶은 대로 하고, 자신이 세운 기준대로 남의 눈치 볼 것 없이 살 줄 아는 그야말로 영혼 자체가 자유로운 사람이었다.

사람은 원래 자유로운 존재다. 자유는 신이 특별히 부여한 가장 큰 특권이다. 자유는 모든 것을 우리 스스로 선택할 수 있는 순도 100퍼센트의 권리다. 하지만 그와 동시에 막중한 책임 또한 지게 되어 있는 반갑지만은 않은 신의 선물이다. 나는 가끔 잘못된 선택으로 손해를 봐야 했을 때, 큰 좌절을 겪었을 때, 혹은 큰 실수를 저질러서 난감할 때 이러한 선물에 대해 원망의 말을 늘어놓았다.

'도대체 왜 신은 나에게 자유 의지를 주어서 이러한 선택을 하게 했을까? 차라리 어느 정도 통제를 해주시지.'

나약한 내게 자유 의지는 신이 나를 생각하지 않고 무작정 내 손에 쥐어준 부담스러운 선물이었다. 하지만 책을 통해 나는 어떤 상황에서도 내게 자유를 선택할 권리는 있었다는 것을 알게 됐다. 과거보다는 미래를 선택하고, 후회한 만큼 다시 숙고하고, 걱정이 되는 만큼 걱정을 버릴 자유가 내게 이미 주어져 있었다. 그리고 주저앉았던 시간만큼 최선을 다하고, 있는 자리에서 다시 시작할 자유 역시 나에게 있었다. 다만 늘 해오던 방식이 있어서, 혹은 너무 늦은 것 같아서 그 방식을 변화시키거나 버리는 데 나 자신이 자유롭지 못할 뿐이었다.

이제는 생각의 틀을 바꿔보고 나만을 위한 '자유의 규율'을 만들어보자. 책 속 그들처럼 방해되는 손가락을 자르고, 나만의 정해진 규칙들로 다른 사람들을 난감하게 할 용기까지는 없을지라도 오늘 하루 10분의 시간을 독서에 양보할 자유, 또 10분의 시간으로 자신을 살피고 돌아볼 자유는 언제든지 마련할 수 있다. 나를 위한 소소한 규율을 만들고 선택할 자유는 이미 주어져 있으니 그 자유를 마음껏 이용하자.

작은 습관이 만드는
큰 차이

《습관은 배신하지 않는다》에서 공병호는 세계적으로 인정받는 안무가 트와일라 타프와의 인터뷰를 이렇게 정리했다.

대가가 되기를 소망한다면, 일가를 이루기를 소망한다면, 훌륭한 인물이 되기를 소망한다면, 당당한 인생을 소망한다면, 도대체 무엇을 해야 하는가? 우선 재능이 있어야 할 것이고, 운도 따라주어야 할 것이고, 노력도 해야 할 것이다. 하지만 그보다 훨씬 더 중요한 것은 자신에게 꼭 맞는 '준종교적 의식'을 만들고 이를 반복하는 것이다. 이따금 하기 싫더라도 정해진 의식을 충실히 수행해보라. 그럼으로써 우리는 우리 자신을 천재에 버금갈 정도의 존재로 만들어낼 수 있다.

그녀가 말하는 준 종교적 의식은 다름 아닌 '습관'이다. 1941년 생인 그녀는 아직도 아침 다섯 시 반에 일어나 택시를 타고 체육관으로 향한다. 그런 습관 덕에 그녀는 아직도 왕성하게 활동하고 있다.

한 외국계 회사에서 근무하는 지인의 로망 중 하나는 일어를 잘하는 것이었다. 그런데 내가 옆에서 보면 그저 말로만 잘하고 싶어하는구나라는 생각이 들곤 했다. 그저 가끔 회화책을 볼 뿐 더 적극적으로 뭔가를 하지는 않아서였다. 그러다가 어느 날 더는 그렇게 살면 안 되겠다고 생각했는지, 회사에 해외 단기파견 근무를 신청했다. 일어는 못했지만 그동안 회사에서 나름대로 열심히 일했기 때문에 허가를 받았고, 일본에 약 1년 동안 체류할 수 있었다. 그분은 열심히 일어를 공부하며 일을 병행했는데 그 짧은 시간은 금방 지나갔다. 한국에 돌아온 지 1년쯤 지나자 일어 실력이 다시 떨어졌다. 회화 실력은 2년 전보다는 나아졌다고 할 수 있지만, 그 차이가 크지 않았고 일본어 시험에서만 겨우 체면을 유지할 정도의 점수를 받았다. 그의 일어 실력이 다시 제자리로 돌아온 것은 귀국 후 일본에서 공부했던 시간의 10분의 1도 투자하지 않았기 때문이다. 결국 그에게 유창한 일어를 구사한다는 것은 다시 로망으로만 남게 됐다.

습관은 하루아침에 바뀌지 않는다. 단 며칠의 노력으로도 부족하다. 오래 묵은 습관을 짧은 기간 안에 새로이 싹 바꾸겠다는 것 자체가 욕심이다. 그렇다고 해서 좋은 습관을 몸에 익히길 포기한다면, 포기가 습관이 될 수 있으니 이는 더욱 주의해야 한다.

《습관의 힘》의 저자 찰스 두히그는 "습관은 운명이 아니다"라고 주장한다. 노력에 따라 습관은 얼마든지 바뀔 수 있다. 특히 습관이 바뀌면 뇌까지도 바뀐다. 습관을 바꾸고 새 습관을 들이는 일이 어려운 이유가 바로 뇌를 바꾸는 작업이기 때문이다.

책을 읽는 것 역시 습관으로 만들어야 한다. 그저 머릿속에서 '읽어야 하는데…'라고 계속 생각만 하고 있다면 습관은 들지 않고 오히려 독서가 스트레스 대상이 될 것이다.

습관을 들이고 스트레스에서 벗어나는 가장 좋은 방법은 바로 행동하는 것이다. 하루에 10~20분 정도 읽는 행동이 습관이 되면 뇌가 책을 읽어야겠다고 굳이 명령하지 않아도 몸이 알아서 찾아 읽게 될 것이다.

책 읽기 전 5분의 자기암시나 스토리텔링, 읽은 후 5분간 사색의 시간을 합쳐도 하루 20분이면 책에서 충분히 위로를 받을 수 있다. 하루는 건너뛰고 다음 날 몰아서 30~40분을 투자한다는 생각은 지양해야 한다. 하루가 이틀 되고 이틀이 일주일 되기가 십상이기 때문이다. 10분도 여러 날 모이면 꽤 긴 시간이 되기 때문에 나중에는 부담이 되고, 그 부담 때문에 다시 책을 멀리하게 된다.

책을 읽을 때 펜을 잡고 밑줄을 긋는 습관은 집중하는 데 도움을 준다. 줄 친 부분은 나중에 다시 볼 수도 있고, 몇 번 더 읽음으로써 나와 더욱 친근한 문장으로 만들 수 있다. 처음에 눈으로만 책을 읽던 나도, 펜을 들고 다니는 습관이 되고 나서는 펜이 없으면 어쩐지 책을 읽어도 허전하다. 밑줄 그은 부분이 없으면 책을 읽지 않은 것 같기도 하다. 책에 표시를 하는 것은 읽고 있는 책을 완전히 내 것으로 만드는 작업이다.

눈으로 보고 밑줄 긋는 것 이외에, 책을 새롭게 이용하는 방법이 있다. 바로 '일기장'으로 사용하는 것이다. 일기는 개인의 이야기를 담기 때문에 자신의 내면과 깊은 대화를 나눌 수 있게 해준다. 나만의 공간에 혼자만의 비밀을 적어가는 것은 또 다른 치유의 방법이기도 하다.

총 20분을 독서에 할애한 후에 따로 시간을 내서 작성하라는 것이 아니다. 10분 독서 후 5분 반추의 시간 중이나 반추 시간 후, 어느 때나 상관없다. 다른 공책을 마련할 필요도 없다. 책의 앞뒤 표지를 넘기면 바로 한두 장짜리 빈 여백이 있다. 이를 면지라고 하는데, 출판사에서는 책이 담고 있는 메시지에 따라 색깔이나 재질을 세심히 선택한다. 나는 색종이처럼 예쁜 색깔로 물들여진 이곳에 '일기'를 쓰곤 한다. 하루를 마감하는 저녁에 조용히 앉아서 그날 있었던 일이나 내 생각을 글로 표현하다 보면 마음이 가라앉고 차분해졌던 경험이 한 번씩은 있었을 것이다. 이 일을 책과 함께 하면 된다. 처음 책을 사 왔을 때에는 그저 책 제목을 보고 한두 줄 느낀 것을 적어봐도 좋고, 그날 있었던 일만을 쭉 나열하면서 말 그대로 일기장으로 사용해도 좋다.

책을 읽고 난 후에는 느낀 내용을 그날 있었던 일이나 떠오르는 생각과 접목해서 쓴다. 이때 쓴 글은 먼저 썼던 일기와는 분위기가 판이할 수가 있다. 책과 상관없이 바로 썼던 일기의 내용은 보통 그날 있었던 기분에 좌우된 글이 많지만, 읽고 난 후에 쓴 부분은 보다 긍정적인 단어들이 많이 들어가 있고 책에 투영된 자신의 생각이 자유롭게 쏟아져 나와 있다.

책에 일기를 쓰면 좋은 점이 몇 가지 있다. 첫째, 공책 한 페이지를 다 채워야 할 것 같은 부담이 확 줄어든다. 처음에 내가 책에 일기를 쓰게 된 가장 큰 이유도 여기에 있었다. 줄이 쳐져 있지 않은 여백이라 한두 줄만 써도 상관없고, 원한다면 간단한 그림을 그려 넣어도 좋다. 글씨 크기도 내 마음대로 할 수 있다. 둘째, 지하철에서도 버스에서도 언제라도 쓸 수 있다. 책 위에 끼적이고 있으면 남이 보기에는 일기 쓰는 것처럼 보이지 않고 공부하는 것 같아서 전혀 눈치 보이지 않는다. 언제 어디서나 쓸 수 있다는 말이다. 마지막으로 책의 처음과 끝을 내 글로 시작하고 마쳤다는 기쁨을 얻는다. 이제 이 책은 다른 책들보다 훨씬 특별해지는 것이다.

나만의 이야기를 쓸 때는 단 한 줄을 쓰더라도 내게 힘을 줄 수 있는 단어들로 채우자. 우리의 목적은 치유다. 치유의 목적을 잊고 그저 생각나는 모든 우울한 단어와 부정적인 어투를 책에 심어두면 위안은커녕 다시 보고 싶지 않은 일기가 될 수도 있다.

읽을 때 공감된 부분에 단순히 표시를 해놓은 게 밑줄이라면, 책에 직접 쓴 나의 느낌과 생각들은 스스로를 치유하기 위한 주동적인 일이라고 할 수 있다. 동시에 읽은 부분에 대한 스토리텔링을 하는 일이기도 하다. 이런 적극적인 행동은 책을 더욱 가까이하게 하는 지름길이 되어준다. 그리고 위안을 넘어 더 큰 생각들을 하고자 노력할 발판을 마련해주기도 한다. 읽은 책과 연관된 생각들을 꾸준히 글로 써내려가게 될 것이기 때문이다.

하루하루가 전쟁터로 비유되는 오늘을 살고 있는 우리다. 나를 돌아보고, 위로하고, 그 위로받은 힘으로 내일을 또 힘차게 살아야 한다. 그래서 매일 나를 위한 작은 위로가 필요하다. 하루 10분 책 읽는 습관으로 나라는 소중한 존재를 더는 방치하지 말고 다독여 다시 설 수 있게 해주자.

인생은 켜켜이 쌓인
시간이다

한 분야의 대가가 되려면 1만 시간을 투자해야 한다고 말한다. 김연아가 세계 피겨계를 제패하고 한국을 알릴 수 있었던 것은 다른 선수들의 두 배에 달하는 연습량 덕분이었고, 류현진도 투구 연습에 상상도 못 할 많은 시간을 할애했기에 메이저리그에서 당당히 활약하는 선수가 됐다. 박인비 선수가 세계 1위의 프로 골퍼가 될 수 있었던 것 역시 남보다 더 많이 연습한 결과였다.

인생에 대해 깊게 논할 수 있을 정도로 살아온 것은 아니지만, 그동안 내가 무심코 써버리고 낭비했던 시간을 보면 인생은 분명히 켜켜이 쌓인 시간이 만들어낸 탑과 같다는 생각이 든다. 자존감 없는 내 모습에 실망하며 산 시간, 억울해하며 그냥 방치한 시간, 후회하며 땅을 쳤던 시간, 꿈이 무엇인지 잃어버리고 산 시간은 그냥

212   하루 10분, 하루 한 뼘

흘러가 버린 것이 아니라 다시 내게 돌아왔음을 지금에서야 느끼곤 한다.

"깨어 있어야 합니다."

교회 목사님이 자주 하는 설교 내용이다. 예수님이 재림하실 때에는 도둑처럼 온다고 했으니 사람은 그 정확한 날짜와 시간을 알 수 없다. 그러니 하루하루를 충실히 살면서 깨어 있으라고 하셨다. 이 말씀을 그렇게 많이 들었으면서도 20대 때에는 심각하게 여기지 않았다. 그때는 시간이 넘쳐서 철철 흐르는 강물인 줄 알았다. 마치 스무 살 초반에는 서른 살이 아득하고 멀어서 나에게는 올 것 같지 않은 나이라고 느끼듯이 말이다. 공기나 물처럼 무한 제공되는 것이 시간인 줄 알았다. 그런데 지금 다시 들으니 이 말만큼 절박한 게 없다. 인생이 긴 것 같지만 결코 길지 않고, 시간의 소중함을 일찍이 알고 충실히 사는 사람도 많지 않다.

사람은 나이를 먹기에 시간이 소중하다는 것을 알게 된다. 시간이 흘러가는 것이 눈에 보이고, 그동안 소홀히 했던 시간이 쌓여 현재의 내가 있다는 것을 인정하게 되기 때문이다. 그래서 어른들은 시간을 허비하는 젊은이들을 보면 자신을 보는 것 같아 가슴이 아프다며 시간을 아끼라고 이야기한다.

새벽 기상 운동 열풍이 분 적이 있다. 사이쇼 히로시의 《아침형 인간》은 '인생을 두 배로 사는'이라는 부제와 함께 선풍적인 인기를 끌었다. 중국에 온 후에 그 책의 내용을 따라서 새벽에 일어나기로 했다. 하지만 새벽에 일어나는 일은 생각만큼 쉽지 않았다. 그래서 전날 계획을 짜고 다음 날 공부도 해보고, 책도 읽어봤다. 먹지 않던 아침밥도 먹어보고, 내가 할 수 있는 것은 다 해봤다. 그런데 두 달을 넘길 수가 없었다. 겨울이 되니 밤이 길어지고 날씨도 추워서 그런지 일어나기가 점점 힘들었다. 그다음에는 역시 다른 일과 마찬가지였다. 시도하고 포기하기를 무한정 반복했지만, 꾸준한 습관으로 가져가기에는 쉽지 않은 일이었다. 결국 포기하고는 내가 무조건 올빼미형 인간이라고 우기기 시작했다. 지금 생각해도 우스운 게, 올빼미형이라고 하지만 그 혈기 넘치는 20대 때에도 일주일에 두 번만 밤 열두 시를 넘기면 다음 날 정신을 못 차렸다. 늦게 자는 것도 힘들고 아침에 일찍 일어나는 것도 그토록 힘들어했던 나는 지금은 새벽 시간이 내게 딱 알맞다는 것을 알고 있다. 그래서 네 시 반에 일어나 이렇게 글을 쓰고 있다.

요즘엔 스마트폰이 사건 사고를 일으키는 주범으로 떠오르고 있다. 취업포털사이트 사람인의 조사 결과에 의하면 직장인 487명 중 절반 이상이 주의가 필요한 수준이라고 한다. 이뿐만이 아니다. 국내 스마트폰 중독률은 8.4퍼센트나 된다. 인터넷 중독률이 7.7퍼센트로 좀더 낮은 수치를 보이고 있으니 스마트폰에 중독된 사람들이 더 많다는 것을 알 수 있다. 초·중·고등학생들 역시 스마트폰 게임이나 새로운 어플을 이용해보는 데 많은 시간을 빼앗기고 있어서 부모님과 선생님의 걱정거리로 떠오른 지 오래다.

스마트폰에 열중하다가 내릴 정류장을 놓칠 뻔해서 버스 기사에게 급하게 문을 다시 열어달라고 하는 모습은 심심치 않게 볼 수 있다. 언젠가 한 번은 앞에 가던 사람이 스마트폰 게임에 열중하다가 계단에 걸려 넘어졌다. 그 때문에 나까지 위험할 뻔했다. 심지어 맨홀에 빠지거나 전봇대에 크게 부딪혀서 입원까지 했다는 사고들을 뉴스에서 접할 수 있다. 이렇게 스마트폰을 사용하는 시간만큼 사람들은 다른 것을 볼 시간을 빼앗기고 있는 것이다.

독서 시간의 감소 역시 스마트한 일상생활과 맞물려 있다. 우리나라 출판업계가 불황이라는 것은 어제오늘 일이 아니다. 심지어는 대학생들이 책을 잘 읽지 않아서 출판업계에서는 대학생을 타깃으로 책을 만들지 않는다는 말도 있다. 한국출판문화산업진흥원이 2013년 12월에 제출한 '출판산업 동향 보고서'에 따르면 전국 2인 이상 가구의 월평균 서적 구매비가 최근에 2만 원 아래로 떨어졌고, 전체 오락문화비에서 서적 구매가 차지하는 비율 역시 2008년 20.6퍼센트에서 2013년 12.5퍼센트로 크게 감소했다.

오락을 위해서건 지혜를 얻기 위해서건 책을 읽는 데 시간을 쓰는 사람들이 감소한다는 건 심각한 일이다. 책을 읽을 시간을 조금이라도 확보해야 한다. 책에는 지금 이 시대에서만 살고 있는 내가 알 수 없는 미지의 세계들이 펼쳐져 있고, 시간과 공간을 초월한 모든 지혜가 담겨 있다. 또한 읽는 사람에 따라서 전혀 다른 해석이 가능하기에 마음에 위로가 되기도 하고 회초리가 되기도 한다. 책을 읽는다는 것은 새로운 배움과 가능성을 내 인생 안으로 끌고 들어오는 황금 같은 행동이다.

"금 작가님! 지금 제일 아까운 게 뭔지 아세요? 나는 시간이 그렇게 아까운 거 있죠?"

《관점을 바꾸면 인생이 달라진다》의 조경애 작가가 나와 통화 중에 한 말이다. 그녀는 누구보다 치열하게 살아왔다. 꿈을 좇아 교수가 되려고 했지만 좌절되었고, 믿었던 사람에게 사기와 배신을 당하는 등 정신적으로 큰 고통도 감내해야 했다. 그녀는 도서관에서 살다시피 하며 책을 읽고 글을 썼다. 힘든 일이 있었지만 결코 포기하지 않았기에 40대의 나이에 다시 한 번 꿈에 도전해서 지금은 성공한 여성 CEO가 되었다.

이렇게 자신의 인생에 닥친 고난을 물리치고 남들은 포기하는 나이에 다시 한 번 우뚝 서서 눈부신 성과를 냈던 그녀도 예전에는 시간의 소중함을 너무나 모르고 살았다고 고백했다. 본받아야 할 만큼 열심히 살았고, 현재 남보다 멋진 삶을 그리고 있는 그녀가 이렇게 말하니 더욱 귀를 기울이게 됐다.

그녀는 저자가 되고 나서 여러 청춘의 인생 멘토가 되고 '인생관점 디자이너'로서 드높은 비전을 꿈꾸다 보니 달라졌다고 말한다. 아무리 바빠도 최소한 책 읽을 시간 10분은 정말 꼭 빼야 하고, 끊임없이 공부하고 책을 읽어야 자신과 남들의 인생에서 낭비되는 일분일초까지 막을 수 있다고 했다.

통화를 마치면서, 조 작가처럼 바빠서 눈코 뜰 새도 없을 것처럼 보이는 사람들이 오히려 더 책을 읽는다는 사실을 다시금 깨달았다. 진짜 바쁜 사람은 바쁘다고 말만 하는 사람보다도 훨씬 더 시간의 흐름에 민감한 것이다.

　일분일초는 쌓이면 하루가 되고, 한 달이 되고, 결국 인생이 된다. 자신의 인생에 지금과는 좀 다른 내가 있기를 바라는 마음은 누구나가 같을 것이다. 어떤 모습의 나로 나이 먹게 될지는 지금 무엇을 하며 어떤 시간을 쌓아가느냐에 달려 있다. 훗날 나이 든 내가 젊은 나에게 시간을 허비하지 않아서 고맙다고 인사를 건넬 수 있도록 지금의 시간을 더욱 소중히 여기며 최선을 다해야 하지 않을까.

생각만 하고
아무것도 하지 않으면

생각이 적은 사람은 거의 찾아보기 드물다. 빼기, 비우기 등이 화두가 될 정도로 저마다 머릿속이 이미 꽉 차 있다. 과거, 현재, 미래를 시작으로 갖가지 걱정과 오늘 해야 할 일, 어제 했던 일과 했던 말들이 머릿속에 뒤죽박죽 엉켜 생각이 정리될 새가 없다.

아무리 사람이 생각하기에 존재한다고 하지만 머릿속이 터질 것 같은 많은 상념은 어느 것이 내 생각이고, 어느 것이 저절로 유입되어 형성된 생각인지도 헷갈리게 한다. 이렇게 많은 생각을 하고 사는데, 만약 생각만 하고 아무것도 하지 않으면 어떻게 될까?

《논어》에 이런 구절이 있다.

공자께서 말씀하셨다. "내가 일찍이 종일토록 밥을 먹지 않고 밤새도록 잠을 자지 않으며 생각해보았지만 유익함이 없었다. 배우는 것만 같지 못하였다."

(子曰 吾嘗終日不食 終夜不寢 以思 無益 不如學也)

공자는 또한 "생각만 하고 배움이 없으면 위태롭다(思而不學則殆)"라고 했다. 맨 끝 글자 '殆(태)'는 '위태롭다'라는 뜻 이외에 '두려워하다', '지치다', '피곤하다' 등 다양한 뜻이 있다. 말 그대로 온갖 것에 대한 생각만 존재하고 그 속에 배움이 없으면 그것이 살아가는 데 사람을 지치게 하거나, 두려움의 근원이 될 수도 있다는 의미로 해석할 수 있다.

생각은 보통 혼자 한다. 특히 부정적이거나 나쁜 생각은 더욱 그렇다. 그 생각들이 마음속에 똬리를 틀면 자신에게 안 좋은 영향을 미친다. 게다가 혼자 생각하고 판단하는 것은 독단으로 흐를 수 있어서 우물 안 개구리처럼 더 넓은 세계를 보지 못하게 한다. 어떤 문제가 터졌을 때 그것이 쉽게 해결될 만한 문제일 때에는 원래 했던 사고 내에서 실마리를 찾아 해결할 수 있기 때문에 위험의 정도가 실감이 나지 않겠지만, 큰 문제라면 다르다. 해결책을 자신의 사고 범위 내에서만 찾으려 들어서는 해결할 수가 없다. 그래서 공자는 생각만 하는 것을 지양하고, 생각하되 책을 보면서 공부하고 익혀야 함을 강조했다. 그럼으로써 더욱 넓은 생각을 할 수 있기 때문이다.

스티븐 코비의 《성공하는 사람들의 8번째 습관》에 보면 이런 말이 있다.

> 알고도 행하지 않으면, 실제로는 모르는 것이다. 배우고 실천하지 않으면, 실제로는 배운 것이 아니다. 이해하고도 적용하지 않으면, 실제로는 이해한 것이 아니다. 지식과 이해를 자기 것으로 만드는 길은 실행과 적용뿐이다. 우리는 책을 읽고, 강연을 들으며 테니스를 배울 수 있지만, 실제로 경기를 해보기 전까지는 테니스를 알 수 없다.

생각하는 것은 자신을 돌아볼 수 있게 해주고, 현재와 미래를 다시 한 번 고려할 수 있게 해준다는 취지에서는 좋다. 하지만 생각이 배움과 실천으로 이어지지 않는다면 별 소용이 없다. 아는 것은 머리에서 나와 행동으로 옮겨졌을 때에야 비로소 빛이 난다. 책 읽는 습관의 중요성을 알고 있다 하더라도 실천하지 않으면 책을 읽을 수 없는 것과 마찬가지다.

위로의 목적으로 책을 읽을 때도 생각을 실천으로 옮기는 일은 중요하다. 그동안 지치고 힘들었던 나를 위로하는 궁극의 목적은 '다시 나아감'에 있다. 치유의 목적은 다 낫게 해서 그 사람이 다시 제자리를 찾아가게 하는 것이지 그 자리에서 계속 쉬고 있어도 된다는 뜻이 아니다. 주저앉아 있는 나를 손 잡아 일으켜 세워주고, 힘을 낼 수 있게 해주어야 한다. 다름 아닌 나 자신이 그런 일을 해야 한다. 그래서 내가 책에 밑줄 친 구절에서, 내가 쓴 일기에서 흡수할 점을 체크하고 눈여겨봐야 한다.

나는 나폴레온 힐의 《결국 당신은 이길 것이다》를 감명 깊게 읽었다. 저자가 정말 악마와 대화를 나눴는지는 의문이나, 그가 나누었던 대화는 현대를 사는 우리에게도 모두 적용할 수 있는 것들이다. 힐이 깨달은 일곱 가지 원칙은 다음과 같다.

1. 명확한 목표
2. 자제심을 길러라
3. 역경에서 배우라
4. 환경의 영향을 지배하라(다른 사람과 연합하기)
5. 시간을 잘 활용하라(부정적 사고방식 대신 긍정적 사고방식을 만들고 지혜로워지기)
6. 조화를 꾀하라(자신을 둘러싼 정신적, 영적, 물리적 환경 속에서 지배적인 세력이 되기 위해 명확한 목표를 가지고 행동하기)
7. 신중하게 행동하라(행동에 앞서 전체적인 계획을 꼼꼼히 살펴보기)

이 좋은 책을 끝까지 다 읽었다고 바로 덮어버리면 그저 취미독서를 한 것이지만, 나는 일곱 가지 항목을 작은 메모지에 따로 적어서 내 탁상 달력에 붙여놓았다. 그리고 달이 넘어갈 때마다 그 메모지 역시 옮겨 붙여놓는다. 이제까지 책을 단순히 읽는 도구, 생각하기 위한 방편으로만 여겨왔는데 이렇게 붙여놓고 보니 왠지 내가 꼭 이 일곱 가지를 달성해야만 할 것 같은 의무감도 생겼다. 목표가 희미했던 나에게 이 원칙이 부여한 의무감 자체가 나의 답답함을 해소해주는 '치료제'가 되어주었다. 처음에는 이 짧은 글을 한 번 읽고 출근하는 것을 자주 잊곤 했는데, 매일 보다 보니 적응이 되어 요새는 일어나자마자 바로 이 일곱 가지가 떠오른다. 이것은 정신적, 육체적, 영적인 자유를 얻을 수 있는 원칙이다. 사람들이 인생에서 가장 바라는 세 가지를 동시에 얻는다는데, 그냥 읽고 버리기에는 정말 아깝지 않은가.

《커피 한잔의 명상으로 10억을 번 사람들》의 오시마 준이치는 우선 좋은 생각, 즉 좋은 종자를 선택하고 신념을 갖고 그것을 반복해서 떠올리라고 조언한다. 긍정의 힘을 의식적으로 머릿속에 새기라는 뜻이다. 생각은 나의 의식을 바꾸기 위해 존재해야 한다. 의식이란 것은 사람이나 사물에 반응하는 수준이다. 그 수준이 높은 사람은 무슨 일이 닥쳐도 당황하지 않고 재빠르게 해결책을 모색한다. 자신에 대한 신념이 강한 사람은 대개 의식 수준이 높은 사람들이다. 이들은 다른 사람에게 비난을 받더라도 꿋꿋이 제 갈 길을 갈 수 있다. 무엇보다도 배우고 실천하는 길이야말로 의식 수준을 꾸준히 높이고 유지하는 방법임을 알고 있기 때문에 부단히 책을 읽고 공부하려 한다.

우리는 종일 많은 사람에 둘러싸여 있다. 세일즈맨들은 거래처 관계자들을 직접 만나러 다녀야 하고, 사무실 내에서는 관계자들과 직접 대면하지는 않아도 종일 전화통을 붙잡고 여러 사람과 대화를 해야 한다. 이렇게 여러 사람과 일하며 복잡한 문제와 씨름하다 보면 먼저 지쳐 떨어질 때도 있다. 그래서 혼자 조용히 자신의 시간을 갖고 생각에 잠기기 힘든 것도 사실이다. 설령 시간이 나서 생각에 잠긴다고 해도 붙잡아줄 무언가가 없는 상태에서 혼자 생각에 빠지는 것은 부정적인 생각들을 불러들일 수도 있다.

이럴 때 나와는 전혀 다른 시각으로 상황을 봐줄 누군가가 필요하다. 그것이 바로 책이다. 전혀 다른 관점을 제시하고 여러 가지 방법이나 사례를 알려줌으로써 의식 수준을 바꿔주는 조언자로서 역할을 톡톡히 해낸다. 하지만 책이 이런 역할을 하기 위해서는 내가 먼저 무엇을 얻고 싶은지를 한번 생각해보고 책을 펼쳐야 한다. 책을 대면하는 노력이야말로 책이 나를 돕게 하는 가장 좋은 방법이라는 것을 기억하자.

내 상처를
바로 보게 해준 책

　최근에 문학심리치료가 주목을 받고 있다. 책을 읽음으로써 그 안의 여러 주인공과 사건들이 마치 거울로 내 모습을 보듯, 내 마음을 비춰주기 때문에 치료 효과가 있다. 굳이 이렇게 심리치료적인 독서를 하지 않더라도, 살다 보면 내 마음 같았던 책들이 한두 권은 있게 마련이다.

　나에게는 호주 작가 케이트 맥카프리의 책《난 네가 싫어》가 바로 이런 책이었다. 나의 아픈 마음 한구석을 들여다보게 해준 책이다. 사이버상에서 학교폭력을 경험한 아발론의 이야기인데, 나의 학창 시절과 비슷한 면이 있어서 감정 이입이 됐고 그녀를 응원하며 읽었다.

초등학교 6년을 걸어서 학교에 다녔고, 중학생이 되고 나서야 버스를 타고 등교하게 됐다. 교복을 입는 것도 중학생의 상징이었지만, 나는 '회수권'을 내고 버스를 탄다는 점에서 스스로 자랑스러운 중학생이 됐다고 생각했다. 그래서 회수권을 처음 구입해본 날, 무척이나 들떠 있었다.

'회수권을 내고 버스를 타다니, 애들은 못 쓰는 이 회수권을 말이야!'

멋지지 않은가. 다만 회수권이 주는 어엿한 중학생으로서의 버스 타기는 금세 익숙해져서 아쉬웠다.

초등학교에서 중학교로 배정받았을 때 같은 반이 된 친구가 없어서 새로 친구를 사귀어야 했다. 같은 학교 출신 친구가 있는 아이들이 그렇게 부러울 수 없었다. 처음에는 서먹서먹했지만 아직은 순수한 학생들답게 서로 인사도 하고 차츰차츰 친해졌다. 그렇게 처음 몇 달은 괜찮았다.

그런데 어느 날, 배탈로 화장실에 가서 볼일을 보고 나온 것이 화근이 됐다. 내가 화장실에서 나오고 나서 같은 반 A가 그 칸에 들어갔다. A가 그곳에서 나오고 나서 2학년 선배가 들어갔는데, 그때까지 냄새가 빠지지 않은 모양이었다. 화장실에서 나온 선배는 A 때문에 그 칸에서 냄새가 난 것이라고 생각한 듯하다. 그 일로 A가 선배에게 한 대 맞거나 신랄한 욕을 듣거나 분풀이 같은 말을 들었던 건 전혀 아니었다. 하지만 나름대로 억울했던 A는 그 일을 C에게 이야기했다.

그 뒤로 C는 나만 보면 "아, 냄새나"라고 상처 주는 말을 하기 시작했다. A는 오히려 가만히 있었다. 심지어 나와의 관계에도 문제가 없었다. 문제는 정작 따로 있었다. C가 내 짝하고 친하다는 것이었다. 짝은 내게 그렇게까지 심한 말을 하지는 않았지만, 나와 친하게 지내길 원하지 않았다.

그렇게 몇 주가 지난 어느 하교 시간이었다. 학교 건물 앞에서 실내화를 신발로 갈아 신으려고 주섬주섬 신발을 꺼내고 있었다. 그곳에 B가 있었다. B는 "아, 냄새나"라고 말하며 나와 몇 발자국 떨어져서 자기 신발을 꺼냈다. 옆에 있던 같은 반 아이가 B에게 "무슨 냄새?"라고 물었다. B는 말없이 턱으로 나를 가리켰다. 나는 그 애들을 보고 있진 않았지만 모든 것이 느껴졌다.

또 한 번은 교내 글쓰기 대회 상장을 받을 일이 있어서 담임선생님의 호출에 교탁 앞으로 나간 적이 있다. 교탁 바로 앞이 B의 자리였다. 나는 선생님 앞으로 나가면서 B가 제발 더러운 소리 좀 안 하게 해달라고 마음속으로 빌고 또 빌었다. 상장을 받는 동안, 다행히 그녀가 딴짓을 하는 중이었는지 별말이 없었다. 하지만 상장을 받고 돌아서서 자리로 돌아오려고 걸음을 뗐을 때 나지막하게 "아, 냄새나"라는 목소리가 들렸다. 순간 나는 그 애를 쳐다봤고, 그 애는 나를 보지 않고 있었다. 딴청을 피우는 것이다. 상장을 받은 기분이 반감됐다.

내 짝도 나를 무시하는 태도가 나날이 심해졌다. 어느 날 합창대회 연습을 위해 담임선생님이 자리를 파트별로 바꾸신다고 했다. 뛸 듯이 기뻤다.

하루 10분, 하루 한 뼘

'이 애하고 드디어 헤어지는구나!'

반이 바뀌는 것은 아니었지만, 적어도 거리를 두고 앉게 됐다는 사실이 큰 위안이었다. 하지만 둘 다 알토 파트였고, 번호 순대로 짝을 지어주었기 때문에 나는 또다시 원래 내 짝과 한 책상에 앉아야만 했다. 짝과 나는 바로 앞뒤 번호였다.

짝은 "아, 또 얘랑 짝이야!" 하고 볼멘소리를 냈다. 그녀보다 나는 더 실망스러웠다. 이 일을 어떻게 해야 할지 도저히 감이 잡히지 않았다. 중학교에 오면 새로운 친구들에게 초등학교 때보다 더 많이 사랑을 받고 우정을 나누리라 기대했는데, 그런 나의 바람은 정말 보기 좋게 빗나갔다.

C와 내 짝 이외의 다른 친구들과는 문제가 없었지만, 그 사실이 다른 친구들이 내 친구였다는 의미는 아니다. 분명히 내게도 점심시간에 같이 도시락을 먹고, 이동수업 시간에 함께 움직이는 친구들이 있긴 했지만, 나는 마음에서부터 이들을 확실한 내 친구로 받아들일 수가 없었다. C와 내 짝으로 인해 그 나이 또래의 아이들이 친구에게 갖고 있는 친밀감이나 믿음마저 인정할 수 없었던 것이다. 가끔은 내게도 먼저 다가오는 친구들이 있긴 했다. 그러나 이미 주눅이 들어서 새롭게 다가오는 친구를 받아들일 만큼 마음이 열리지 못했다. 점차 내가 먼저 알아서 친구들을 멀리했다. 오히려 혼자 있는 것이 편한 것 같기도 했다. 그러면서도 외로워했다. 당시 나는 선생님이나 엄마에게 이 일을 말씀드려야겠다고는 한 번도 생각해본 적이 없었다. 그냥 참았다. 참고 또 참으니 어느새 1년

이 지나고 학년이 바뀌게 됐고, 그들과는 영영 안녕을 고했다.

지금 와서 돌이켜보면 그때 왜 C에게 "너는 화장실 안 가는 비정상인이니? 병원 좀 가봐"라고 말하지 못했는지 모르겠다. 다시 그날로 돌아간다면 꼭 그렇게 말해주고 싶다.

책 속 주인공 아발론은 전학한 학교에서 사이버상의 왕따를 당해 괴롭다. 그 학교에서 그녀의 편이 되어준 친구는 마샬이 유일했다. 그런데 마샬은 아발론을 감싼다는 이유로 오히려 왕따의 표적이 되어 괴롭힘을 당하다가 견디지 못하고 스스로 생을 마친다. 후에 따돌림을 주도했던 친구들은 크게 뉘우치게 된다. 그 후 아발론은 다시 정상적인 생활을 할 수 있을 만큼 마음의 상처를 회복했다. 나 역시 스스로를 치유해갔다. 아발론보다 마음에 담아두고 지내온 시간이 좀더 길긴 했지만.

지금은 그 일이 떠올라도 마음에 큰 동요가 없지만, 몇 년 전까지만 해도 내 마음을 온통 어지럽히곤 했다. 내가 정말 그 어린 나이에 또래로부터 욕먹을 짓을 했던 것이었는지부터 시작해서, C가 답하지 못할 많은 질문을 혼자서 던지곤 했다. 그러다가 나는 질문을 바꿨다.

'왜 그 일을 잊기가 이렇게 어려운 걸까? 혹시 내가 아직도 C는 처벌을 받아야 한다고 생각해서 그런 건 아닐까?'

내 마음이 낸 대답은 '아니!'였다. 내가 진짜 원했던 것은 그녀의 진심 어린 사과 한마디였다. 그리고 내가 그 일을 마음에서 완전히

하루 10분, 하루 한 뼘

놓아버리는 것, 그것뿐이었다.

책은 때때로 내 마음인데도 어떻게 설명해야 할지 감이 잡히지 않는 감정들을 확인시켜준다. 이전에 알지 못했던 마음 상태를 진솔하게 꺼낼 수 있게 조언을 해주기도 한다. 내가 사실 어떤 심정이었고 무슨 생각을 하고 있었는지 알게 되면, 이상하게 위로가 되고 나 자신과 가까워진 느낌이 든다. 이제부터 진짜 나와 대화할 준비가 되는 것이다.

지금 마음이 아프고 혼란스러운가? 내 마음이 무엇을 말하고 있는지 감이 잡히지 않는가? 그렇다면 책이 해답을 주길 기대하며 책을 펼치자.

내일을 위해
오늘 읽는다

유학 중에 만난 한 일본인 친구는 6개월 단기로 중국에 온 학생이었다. 약 두 달을 혼자서 중국 전역을 돌아다닐 정도로 간 큰 학생이기도 했다. 중국이 안전하다고는 해도 당시에 그녀가 신장(新疆)까지 혼자 여행 갔다 왔다는 말을 듣고는 깜짝 놀라지 않을 수 없었다. 그즈음 신장에서 일본인 피살 사건이 일어났기 때문이다. 뉴스에 보도되지는 않았지만, 유학생들은 입소문을 통해 이미 다 알고 있는 일이었다. 그 소식을 듣지 못했느냐고 물었더니, 그녀는 잘 알고 있다고 말했다. 그런데도 그녀가 거기에 간 이유는 평소에 혼자 여행 다니는 사람들의 수기와 책을 많이 접하고는 자신도 혼자 꼭 여행을 해봐야겠다고 결심했기 때문이라는 것이다.

나는 왜 하필이면 무서운 지역을 택했느냐고 물었다. 그녀는 자

하루 10분, 하루 한 뼘

기가 읽었던 책 내용처럼 다른 사람들이 많이 가지 않는 곳으로 여행을 떠나고 싶었다고 대답했다. 알고 보니 그녀는 전에도 이미 혼자 인도를 여행하고 중국으로 온 간 큰 아가씨였다. 그녀가 그렇게 용기를 낼 수 있었던 것은 평소 여러 여행 에세이와 여행에 관련된 책을 자주 접했기 때문이다. 책은 그녀가 도전할 수 있게 여행 정보를 제공하고 용기도 북돋아 주었던 것이다.

성공한 사람들을 보면 대부분이 책을 통해 꿈을 설정하고 힘을 얻어 도전한 사람들이다. 그 결과 어떤 시련과 역경이 닥쳐도 끝까지 버텨낼 수 있었다. 때로 포기하고 싶은 순간들도 있었지만 그때마다 책이 다시 일어설 수 있는 힘이 되어주었다.

도시인을 위한 찻집 형태의 대중문화 공간 '민들레영토'가 있다. 20년 전 신촌의 기찻길 옆 10평의 카페에서 시작한 민들레영토는 전국에 20여 개 지점을 둘 정도로 성장했다. 이곳은 600명의 직원이 하루 1만 명 넘는 손님을 맞는 곳으로 대학생들이 가장 일하고 싶어 하는 카페로 알려져 있다.

민들레영토의 창업자 지승룡 대표는 한때 목사였다. 그런데 가정적인 문제로 교회에서 쫓겨나 3년 가까이 백수생활을 하게 됐다. 그는 그 시간에 도서관에 다니며 닥치는 대로 책을 읽기 시작했다. 그렇게 몇 년간 2,000권에 가까운 책을 보게 됐는데, 그때 읽었던 책이 지금의 민들레영토를 만든 계기가 됐다. 지승룡 대표가 백수 시절에 책을 읽지 않았다면 그는 지금쯤 어떤 인생을 살고 있을까?

아마 아직도 백수이거나 평범한 인생을 살고 있을 것이다.

예전에 친한 언니가 책은 읽는 사람만 읽는 것 같다는 말을 했다. 그런데 자기는 그런 부류가 절대로 아니라면서 책만 보면 졸음이 온다고 했다. 나는 언니에게 10분 만에 사람을 잠에 빠뜨릴 수 있는 가장 안정적인 수면제로 쓰기 위해서라도 꼭 읽어보라고 책에 대한 예찬론을 펼쳤다.

나루케 마코토의 《책, 열권을 동시에 읽어라》에는 독서와 관련한 재미있는 사례가 나온다. 1974년 프랑스 브르타뉴 반도에서는 TV 송신탑이 파괴되어 그 지역의 130만 대나 되는 TV가 1년 동안이나 수신되지 않는 대사건이 발생한 적이 있다. 흥미로운 것은 이 때문에 그 지역 사람들이 책을 접하게 됐다는 사실이다. 사람들이 책을 읽게 되면서 서점의 수입이 늘어났고, 아이들도 밖에서 뛰놀며 이전보다 건강해졌다. 그리고 마을 공동체의 커뮤니케이션도 활발해져서 돈독한 관계 형성에 긍정적인 영향을 미쳤다.

언니에게 이 일화를 들려주며 책은 결코 '원래 읽는 사람들'만 읽는 것이 아니라고 강조했다. 지금은 기술이 좋아져서 1년 동안이나 송신탑이 복구되지 않을 리도 없을 것이고 오락, 스마트폰 등 유흥거리도 많아서 이런 사태가 벌어져도 책을 읽을 사람이 많아질까 싶다. 그렇지만 만약 언니네 동네에 이런 일이 생긴다면 언니가 어떻게 변화할까 상상하면서 혼자 웃음 짓기도 했다.

중학교 때 도덕 선생님께서는 지적인 사람이 되고 싶으면 수학 공부를 열심히 하고, 책을 많이 읽으라고 하셨다. 중학교 때까지는 수학을 잘하는 편이었고 책도 좋아했던 나는 이 말씀에 고개를 끄덕이며 수긍을 많이 했다. 선생님은 처음부터 단박에 잘할 수 있는 것들이 아니라 수학이나 독서처럼 차근차근 밟아나가야 하는 것들이 결국 어려운 것이고, 어렵기 때문에 그만큼 사람을 지적으로 만들 수 있다고 하셨다. 그래서 그런지 책을 읽는 사람들은 짧게 보는 인생을 사는 사람들이 아니다. 하나같이 오늘 읽고 내일도 읽고 꾸준히 읽어나가며 남들의 경험과 지식을 차근차근 흡수하는 사람들이다. 그리고 그것들을 재구성하고 때로는 새롭게 창조하기도 한다. 이들은 지금 읽는 책이 당장에는 도움이 되지 않을지라도 언젠가는 큰 도움이 된다는 것도 알고 있기에 독서를 멈추지 않는다.

빌 게이츠 역시 독서를 귀하게 여긴 사람이다.

"지금의 나를 만든 것은 동네의 공립 도서관이었다. 훌륭한 독서가가 되지 않고는 참다운 지식을 갖출 수 없다. 멀티미디어 시스템이 정보 전달 과정에서 영상과 음향을 많이 사용하지만 문자 텍스트는 여전히 세부적인 내용을 전달하는 최선의 과정이다. 나는 평일에는 최소한 매일 밤 한 시간, 주말에는 서너 시간의 독서 시간을 가지려고 노력한다. 이런 독서가 나의 안목을 넓혀준다."

어린 시절부터 책벌레였던 그의 이러한 평소 독서 습관은 그에게 날이 갈수록 자양분을 제공해주어 지금 최고의 부자를 만들었다. 그는 지금까지도 꾸준한 독서를 통해 성공을 이어가고 있다.

한국 사회의 각계각층에 있는 리더들도 책으로 내일을 연 사람들이 많다. 반기문, 안철수, 김제동, 박경철, 한비야 등 이들은 하나같이 책벌레로 통한다. 물론 이들이 처음부터 책을 좋아했던 것은 아니다. 각자 우연한 기회나 만남으로 책에 빠져들었고 그 습관이 지금의 이들을 만들었다. 이들은 성공의 비결로 단연 독서를 꼽는다. 몸에 밴 독서습관이 다양한 지식과 정보, 지혜를 갖출 수 있게 해주었을 뿐만 아니라 이를 통해 기회를 알아보고 활용할 수 있게 해주었기 때문이다.

사람들은 누구나 나날이 발전하고 싶어 한다. 특히 많은 직장인이 어제와 다른 내가 되기 위해 오늘도 어학 학원에 다니며 힘겹게 샐러던트생활을 하고 있다. 내일의 발전을 위해서 어학과 컴퓨터 공부에 시간을 할애하는 것도 좋지만 빠뜨려선 안 되는 것이 독서다. 책을 읽다 보면 나보다 더 힘든 여건 속에서도 묵묵히 견뎌나간 사람들의 이야기를 접하며 지금 여건에 감사하게 되고 위로받아 더욱 힘을 낼 수 있다. 그리고 악조건 속에서도 꿈을 실현한 사람들의 이야기가 허투루 보이지 않는다면 나 역시 해낼 수 있으리라는 자신감도 함께 얻게 된다.

지금 읽고 있는 책은 그저 하루 위로받고 끝내기 위해 존재하는 것이 아니다. 분명 기대하는 바가 있어서 내 눈에 띄고 내 손에 들려진 것이다. 그러니 마음껏 활용하자. 마음에 와 닿는 부분에 나만의 기호로 표시도 해보고 일기로도 사용해보자. 책에 써나간 나를 향한 응원의 메시지와 하루를 돌아보고 정리한 생각들은 책 속에 꾸민 나만의 비밀 정원이 되어 미래를 함께할 것이다.

· 5장 ·

내 손끝에서
시작되는
마법

살아지지 않고
살아가기

스물여섯 살쯤 되니 "너도 내후년에는 서른이야"라는 잔소리를 듣기 시작했다. 아직 서른이 조금은 먼 것 같이 느껴져서 왜 내게 이런 말들을 하는지 깊이 생각하지 않았다. 서른이 막 넘어갈 때에 어떤 분이 마흔이 되는 것은 순식간이라는 말을 해주셨다. 20대 중반에 서른이 까마득했던 것과는 달리 30대 초반에 듣는 '마흔'이라는 나이는 왠지 실감이 났다.

나 역시 다른 여자들처럼 나이에 민감했다. 이런 말에 휘둘리지 않고 살고 싶었지만 어쩔 수 없이 마음을 가누지 못했다. '혹시 마흔이 되어서도 이런 고민을 계속한다면 어떻게 하지?'라는 걱정의 구름이 마음을 뒤덮었다. 아직 내 인생의 갈 길도 제대로 정하지 않았고 목적지 설정도 끝나지 않아서 눈앞이 캄캄했다. 마치 어두운

하루 10분, 하루 한 뼘

밤 암초에 부딪혀서 좌초되고 있는 커다란 배 위에 선 것처럼 불안했다.

　나보다 앞서서 나이를 먹은 사람들은 그때 되면 또 그때대로 살게 된다고 했다. 물론 내가 어떻게 되지 않는 이상 살아지게는 될 것이다. 하지만 살아 있으니 '살아지는 것'과 내가 스스로 '살아나가는 것'의 차이는 크다. 전자는 희망도 꿈도 없이 살 수 있지만, 후자의 인생에는 반드시 희망과 꿈이 있어야 살 수 있기 때문이다. 나는 이 고민을 마흔에도 하고 있을까 봐 걱정이었다.

　그럴 때마다 나를 잡아주는 것은 책이었다. 책에서 읽은 한 줄을 그날 마음속에 간직하고 출근하면, 그날은 그런대로 견딜 만했다. 그렇지 않은 날은 예상했던 것보다 더욱 우울해졌다. 처음에는 이것이 그날 읽은 책 때문이라고 생각하지 못했다. 시간이 갈수록 책 한 줄이 내게 주는 힘이 크다는 것을 알고서는 마음에 와 닿는 글은 지갑에 적어서 가지고 다녔다. 나폴레온 힐의 일곱 가지 원칙을 달력에 붙여놓은 것도 그 글이 나를 잡아주길 바랐기 때문이다. 조르바가 '인간이란 자유'라고 단언했던 것처럼, 나 역시 자유라고 단언하며 매일 단조로운 내 삶에서 조금이라도 더 자유스러운 부분을 찾아보려고 노력했다.

　책 속의 몇 줄이 아니라 제목 자체가 내게 큰 위안을 주는 책들도 있었다. 위지안의 《오늘 내가 살아갈 이유》가 그런 책 중 하나였다. 책 제목만 봐도 내가 살아가야 할 이유를 꼽아야 할 것만 같았다.

그녀는 병에 걸려 죽어가면서도 희망을 노래했다. 그렇다면 내가 지금 이 상태에서 행복하고 즐겁지 않을 이유도 없었다. 펜을 들고 '오늘 내가 다시 즐겁게 살아야 할 이유'에 대해서 써내려갔다. 아직은 젊고 직업이 있으니 안정적이라는 것 그리고 미혼이니 무엇이든 도전할 수 있다는 것 등을 적어가며 내가 부족한 면만 있는 사람이 아니라는 것을 스스로 확인했다.

나는 최근 한 지인에게 윤정은의 《출근만 하면 다 될 줄 알았어》를 선물했다. 입사 후에 힘들어하던 그 지인이 그 책을 한번 읽어보고 사표 제출하는 것을 다시 생각해보기 바라는 마음에서였다. 회사도 괜찮고, 맡은 업무 역시 커리어 쌓기에 좋았기 때문이다. 그녀는 일하느라 정신이 없어서 까맣게 잊다가 어느 땐가 책을 펼쳤는데, 단숨에 끝까지 읽어내려갔다고 한다. 그러고는 내 바람대로 사표 낼 생각을 일단 접기로 했다. 입사한 지 2년도 채 안 됐기 때문에 옳은 결정이었다. 이렇게 책은 마음이 갈팡질팡할 때 힘이 되어준다.

이스라엘 사람들은 거지가 구걸할 때조차 책을 가지고 다닌다고 할 정도로 책을 많이 읽는 민족이다. 어머니가 자식에게, 집에 불이 나면 가장 먼저 챙겨 나와야 할 것이 바로 네 머릿속에 지혜를 일깨워주는 책이라고 말한다고 한다. 그 결과 유대인은 세계 인구의 0.2퍼센트 정도밖에 되지 않지만 노벨상을 휩쓸고 있다.

삼성의 창업주 이병철 회장은 《논어》를 항상 머리맡에 두었다.

중국의 마오쩌둥에게는 사마천의 《사기》가 있었다. 영국의 처칠에게는 《로마제국 쇠망사》가 인생을 바꿔준 책으로 꼽힌다. 독일의 고고학자 하인리히 슐리만은 호메로스의 《일리아스》를 통해 인생의 큰 꿈을 키워나갔다. 이들은 모두 개인의 경험만으로는 부족한 것을 책으로 하나씩 채워가며 영감을 얻었다.

세계적인 커피기업 '스타벅스'의 이름 역시 책에서 따온 것이다. 허먼 멜빌의 소설 《백경》에 등장하는 항해사의 이름이다. 그 이름대로 스타벅스의 커피는 전 세계를 무대로 활발한 활동을 하는 기업으로 발돋움했다.

우리가 익히 알고 있는 위인 중에서도 책에서 얻은 영감과 지식으로 선한 영향력을 끼친 사람들이 많다. 세종대왕, 정조대왕, 정약용, 김대중 대통령, 헬렌 켈러, 링컨, 에디슨 등 모두 책이 보고(寶庫)라는 사실을 알았다. 이들은 책을 통해 삶의 방향을 잡았을 뿐만 아니라 지혜와 통찰력도 얻었다. 많은 선인과 훌륭한 기업인들은 책으로 자신의 인생을 만들어갔다. 이들이 단 한 권으로 바로 사업의 영감을 얻거나 인생의 지혜를 터득한 것은 아니다. 만약 이들 역시 꾸준히 읽지 않았다면 자신들의 인생을 바꿔줄 이야기를 만나지 못했을 것이다.

읽다 보면 마음에 유독 큰 여운을 남기는 책이 있다. 그런 책들은 곁에 두고 여러 번 봐야 한다. 우리가 처한 상황은 늘 변화무쌍하고 감정은 그보다 더 심한 급류에 휩쓸리듯이 이리저리 요동치곤 한다. 그래서 읽는 내용이 주는 감동과 깨달음 혹은 위안은 자신이 처한 상황과 당시의 심정에 따라 여러 형태로 변한다. 많은 사람이 좋은 책은 두세 번 읽기를 권하는 이유 중 하나가 바로 이것이다. 한 권의 책을 여러 번 읽으면 같은 문장이라도 다른 모습으로, 다른 감동을 주곤 한다.

쇼펜하우어는 《사랑은 없다》에서 다음과 같이 말했다.

> '반복은 학습의 어머니'라는 말이 있다. 필요한 것들이 우리 것이 되기 위해서는 좋은 책은 두 번 이상 읽는 것이 좋다. 거기에는 두 가지 이유가 있다. 하나는 사람이란 한 가지 일을 두 번 경험하면 그 경험을 다른 것과 연관시킬 수 있는 힘이 생기고, 첫 번째에서 놓친 부분을 되살릴 수 있으며 결론에 대한 확신이 선다는 것이다. 또 하나는 첫 번째와 아주 다른 생각과 기분을 얻게 되면서 그 자체의 인상이 달라진다. 그것은 똑같은 물체에 다른 조명을 비춰보는 것과 같다. 인간의 두뇌가 원하는 만큼의 역량을 갖고 있지 못하기 때문이다.

좋은 책의 기준은 사람마다 다르다. 어떤 사람은 고전에서 영감을 얻기도 하고, 또 어떤 사람은 사회과학책에서 아이디어를 떠올린다. 성공학책들을 접하면서 용기를 얻고 책에 있는 내용을 사업에 접목해 성공 가도를 달리는 사람도 있다. 이 사람들의 공통점 역시 인생의 항로를 정하거나 바꾸기 위해 책을 가까이했다는 것이다.

읽을 수만 있다면 읽고 또 읽어야 한다. 읽는다는 것에 한정된 기한은 없다. 책은 읽으면 읽을수록 생각할 시간을 주고, 새로운 것을 고민할 수 있게 한다. 전혀 다른 시각으로 사물과 주변 환경을 보게 하여 기존의 관점을 바꾸고 옳기게 해준다. 그리고 눈으로는 볼 수 없는 꿈과 용기를 심어주어 희망을 바라볼 수 있게 한다.

오늘 읽은 책이 보이지 않던 인생의 길을 당장에 보여주는 마법을 부리지는 않는다. 하지만 손에서 놓지 않는다면, 천천히 내 눈을 뜨게 하고 다른 곳을 보게 해주는 길라잡이가 되어 언제까지나 내 인생 최고의 동반자가 되어줄 것이다.

내 시선을 붙든
문장 하나

김영아의 《아픈 영혼, 책을 만나다》에 나오는 한 구절이 가슴을 파고든다.

> 아무것도 기다리지 않는 삶, 무엇인가를 위해 꼬박 밤을 새우는 열정도, 가슴 저 밑에서 뿌듯함이 올라오는 감동도 없는 삶, 성취하고 싶은 목표가 없는 삶은 죽은 삶이다. 허무는 별 게 아니다. 꼭 하고 싶은 일이 없으면 그게 허무다.

책은 지식과 정보도 제공하지만, '나'라는 사람을 끊임없는 성장의 길로 들어서게 하고 이끄는 원동력이 된다. 또한 새로운 기회와 꿈을 꿀 수 있는 동기를 유발해주는 가장 강력한 도구다. 이루고 싶

244

은 꿈이 있다면 그 꿈을 잃지 않고 지속적으로 상기하도록 해주는 동기부여가의 역할 역시 책의 몫이다. 그래서 책을 읽으면 마음에 에너지가 차오르는 것을 느낄 수 있다.

대학에 가면 실컷 노는 것이 꿈인 학생들이 많다. 입시 지옥에서 겨우 탈출했으니 그럴 만도 하다. 캠퍼스의 낭만을 즐기며 술도 진탕 마셔보고 싶다는 것이 꿈인 학생들이 적지 않다. 이 역시 당시에는 나름대로 신선한 꿈이라 할 수 있다.

고등학생 때 나의 꿈은 중국에 가는 것뿐이었다. 그 꿈대로 중국에 갔고, 공부 자체도 정말 재미있었다. 마지막 졸업논문 역시 좋은 성적을 받아 유종의 미를 거두고 싶었다. 논문에서 'excellent' 점수를 받는 것이 유일한 내 목표였고, 이루어졌다. 내가 논문 준비에 다른 학생들보다 더 열의를 보이자 담당 교수님은 같은 과 캄보디아 학생에게 나를 좀 본받아서 열심히 졸업논문을 준비하라고 잔소리까지 하셨다. 그 정도로 나는 논문 쓰는 일에 최선을 다했다.

그런데 딱 그때까지였다. 귀국하면서 현실에 발을 담그게 되니 나도 모르게 남들 따라서 입사할 준비만 하고 정작 내가 하고 싶은 일을 해야 삶이 즐거울 수 있다는 점에 대해서는 까맣게 잊고 말았다. 하고 싶은 것이 무엇인지 대학생 때 미리 생각했다면 더 좋았을 테지만, 이미 지난 시간이었다. 취업 준비할 때라도 더 고려해야 했는데 그러지 못하고 또 시간을 흐지부지 써버렸다. 입사한 후에는 즐길 것 많고 볼 것 많은 이 세상에서 정작 무엇이 진정 내가 원

하는 것인지 알지 못하는 답답한 마음에 자주 서글퍼졌다. 이럴 때
읽는 책은 어느새 내게 꿈을 되묻곤 했다.

《공부가 가장 쉬웠어요》의 장승수는 정말 대단한 사람이다. 막노
동을 하면서 서울대에 간 의지의 한국인이다. 이 책이 막 나왔을 때
구입해서 읽었는데 당시에는 서울대에 합격했으면 한 거지 왜 공
부가 가장 쉽다고 해서 나뿐만 아니라 모든 사람을 기죽이는지, 참
미웠다.

서른이 넘은 지금에서야 그가 달리 보인다. 얼마나 절실히 그전
과는 다르게 살기를 바랐으면 술집에 들락거리고 싸움만 하던 과
거를 다 청산할 수 있었는지 마음에 와 닿기 시작한 것이다. 하지
도 않던 공부에 저렇게까지 매진할 수 있었던 그의 이야기를 접하
면서 그가 이루어낸 인생 역전의 스토리는 보통의 고생담이 아닌
열정 자체임을 깨달았다. 돌이켜보건대 내 20대는 10대 때처럼 중
국어에 빠진 것도 아니었고, 논문 쓸 일도 없었고, 그렇다고 남자
를 열심히 만나고 다니는 것도 아닌, 어느 것에도 열정이 불타오르
지 않은 상태였다. 깊게 몰두할 만한 무언가가 없었다. 열심히 살
고 있다는 말로 대체할 수 없는 그 무엇, 바로 '허무'가 찾아온 것이
었다. 이루고 싶은 꿈, 돌진해나갈 수 있는 목적지가 없는 사람들
은 종종 공허함을 느낀다. 나는 꿈이 없는 사람의 마음이 이렇게까
지 텅 빌 수 있구나 하는 것을 이때 비로소 절감했다. 책을 손에서
놓을 수 없었던 이유 중 하나는 바로 이 허무를 달래기 위해서였다.

어느 때부터인가 나는 읽으면 읽을수록 '어떻게 해야 지금 상황에서 내 꿈을 찾을 수 있는 것인가'에 대해 자문하기 시작했다.

이에 대한 답을 얻기가 쉽지는 않았는데 그즈음 서점에서 김애리의 《여자에게 공부가 필요할 때》를 읽게 됐다.

당신만의 키친테이블노블을 완성하라.

프롤로그의 제목인데, 이 한마디가 책을 덮은 후에도 내내 가슴에서 떠나지 않았다. 아직은 많이 부족하고, 경험도 더 쌓아야 하고, 나이를 더 먹어야 글을 쓸 수 있으리라고 생각했다. 그래서 글을 쓰고 싶다는 내 마음을 선뜻 드러낼 수 없었다. 사실 한때 내 꿈은 작가였다. 글을 쓰고 책과 하루하루 함께하는 날들을 꿈꿨다. 그때는 그런 꿈을 꾸는 내가 이상하지 않았다. 하지만 서른이 넘은 나이에 전공과 관련 없고 해보지도 않은 일을 다시 꿈꿔도 되는 것인지에 대해서는 확신이 없었다. 게다가 나는 직장인 아닌가. 당시에는 작가들은 무조건 전업작가인 줄 알고 있었다. 직장을 관두고 글 쓰는 일에만 전념할 수 없었기 때문에 나와 맞지 않는 꿈이라고 생각했다.

하고 싶은 일을 겨우 찾았는데 이번에는 갖가지 걱정이 모두 나를 향해 돌진하는 것만 같았다. 그런데 알고 보니 김애리, 권동희 등 쟁쟁한 작가들이 모두 일을 하면서 글도 쓰는 투잡족이었다. 그리고 적지 않은 이들이 처음부터 작가로 데뷔했다기보다 직장과

병행하다 차츰차츰 전업작가로 옮겨갔다는 것을 알게 됐다. 이 점은 내게 위안과 동시에 큰 용기를 주었다.

스타벅스 CEO 하워드 슐츠는 잘나가던 샐러리맨이었고, 큰 외국계 회사의 부사장이었다. 남들은 그의 높은 연봉과 지위를 부러워했다. 남 보기에 이미 다 가진 것 같았던 하워드 슐츠도 마음 한구석이 늘 허전하고, 이 길이 자신의 길이 아닌 것만 같았다. 그렇게 허무하게 살고 있을 때 우연히 스타벅스의 문화와 커피의 매력에 풍덩 빠져버렸다. 그리고 부사장직을 버리고 스타벅스를 꿈으로 삼기로 했다. 주위에서는 모두 그를 만류하느라 바빴다. 하지만 스타벅스의 가능성만 바라보겠다고 마음먹은 그는 온갖 반대를 뿌리치고 스타벅스로 향했다. 그곳에서도 사업을 키우는 동안 많은 반대 의견에 부딪혔지만 일일이 설득해가면서 스타벅스에 대한 애정을 드러냈다.

미국 소설가인 마크 트웨인은 의미심장한 말을 남겼다.

"앞으로 20년 후에 당신은 저지른 일보다는 저지르지 않은 일에 더 실망하게 될 것이다. 그러니 밧줄을 풀고 안전한 항구를 벗어나 항해를 떠나라. 돛에 무역풍을 가득 담고 탐험하고 꿈꾸며, 발견하라."

다시 무언가를 찾아 떠날 때는 두려움이 찾아온다. 가보지 않은 길을 가는데, 마음에 온통 확신과 열망만을 채워 떠날 수는 없은 일이다. 그러니 두려움을 당연히 여기자.

나는 학창 시절 중국에 가기로 마음먹고 혼자 유학원을 돌면서 정보를 모으고 조언을 구하던 때를 떠올렸다. 그때는 나도 적극적으로 무언가에 도전하고 꿈꿀 줄 아는 사람이었는데 왜 이렇게 변한 것일까? 그것은 끊임없이 변화를 추구하던 그때와는 달리 어느 순간 편안하고 안정된 삶만을 고집하게 되었기 때문이다. 편안하고 안락한 것만 찾으며 정체되어가고 있는 사람에게 책은 꼭 필요한 존재다. 그 속에는 우리에게 더는 가만히 있지 말고 꿈을 찾아 떠나기를 바라는 호소 짙은 목소리가 곳곳에 숨어 있다. 내가 귀를 닫고 외면하지 않는 이상, 책은 언제나 외친다. 너의 꿈을 향해 지체 없이 발을 내디디라고.

뻔한 삶을
산다는 두려움

　회사에 다니던 친구가 임신 사실을 알자마자 퇴사했다. 그도 그럴 것이 약품처리업체에서 근무했기 때문에 임신을 하고는 더 다닐 수가 없었다. 회사를 그만두고 나서는 행복해 보였다. 드디어 남편이 벌어다 주는 돈으로 편히 지낼 수 있게 됐다고 좋아했다. 몇 달은 두 다리 쭉 뻗고 늘어지게 낮잠 자며 참 행복해했다.

　하지만 웬일인지 요새 들어서는 조금 우울해 보였다. 출산한 후부터 줄곧 아이하고만 있는 시간이 너무 힘들고, 무엇보다도 변화 없이 사는 것 같아서 마음이 좋지 않다고 했다. 아기는 무척 사랑스럽지만, 종일 애 엄마로 하루를 보내다 보면 오늘이 무슨 요일인지도 모르겠고, 가끔은 시간 가는 것도 잊는다고 했다. 이것이 혹시 자신을 잊어가는 것은 아닌지 걱정이 이만저만이 아니었다. 그녀는 베란다에서 직장인의 바쁜 발걸음을 보고 있노라면 자신도 이렇게 아이와만 보내는 시간에 익숙해지면 안 되겠다는 생각을 하게 된다고 했다.

익숙함이란 뭘까? 익숙함이 가져오는 감정은 두 가지다. 익숙한 것과 이대로 함께 살고 싶다는 '편함'이 하나이고, 익숙함에서 탈피하여 '변화'를 향해 나아가고 싶다는 마음이 그 두 번째다. 보통 입사 후에 자주 하는 업무는 금방 익숙해지므로 본인이 따로 변화를 시도하지 않는 이상 기계처럼 일을 처리하게 된다. 사람과의 관계도 익숙함이 스며들면 더는 새로운 느낌이 들지 않는다. 서로에게 심드렁해지고 아무렇지도 않게 되는 것이다. 하지만 이는 그저 '편한 느낌'이라기보다는 그 사람에 대해 무관심하다는 표현이 더욱 적확하다. 익숙함을 벗어나 보고자 새 친구를 사귀거나 신년에 세운 계획을 실행에 옮기려고 해도, 이미 익숙함에 젖어버린 업무 패턴과 습관, 늘 만나왔던 사람들이 가끔 이 '익숙함'이라는 이름으로 발목을 잡곤 한다.

어떤 사람들은 익숙함보다는 '변화'를 꾀하고 싶어 한다. 익숙함은 새로운 사상을 받아들이는 데 장애가 될 뿐만 아니라 일상에서 벗어나는 영감을 불러일으키지 못한다. 생각과 시각이 한곳에 고착되면 변화가 일어날 수 없다는 것을 깨달은 사람들은, 특히 자신의 발전에 더는 도움이 되지 않음을 알아챈 사람들은 현재 상태에서 과감한 변화를 시도하기도 한다.

몇 년 전에 나는 긴 머리를 싹둑 자르고 단발로 이미지 변신을 시도했다. 나로서는 큰 변화였다. 먼저 머리가 긴 게 나에게 잘 어울린다는 엄마의 세뇌(?)를 받고 있었기에 잘라볼 마음은 있었지만 단발머리를 해본 적은 없었다. 두 번째는 익숙함이었다. 10년 넘게 늘 어깨 밑으로 늘어진 머리 길이를 고수했다. 게다가 머리가 길면 굳이 헤어스타일에 신경 쓰지 않아도 되는 편리함이 있었다. 여자의 긴 머리는 보편적인 헤어스타일이라서 눈에 띈다거나 촌스럽지 않았다는 점도 내가 헤어스타일에 과감한 시도를 하지 못했던 이유 중 하나다.

하지만 서른이 넘어가니 변화를 주고 싶었고, 가장 손쉬운 방법으로 헤어스타일의 변신을 택했다. 물론 그 길로 곧장 미용실에 가서 바꾸지는 않았다. 주변 지인들에게 쭉 물어봤다. 단발이 내게 어울릴지를. 모두들 어울릴 것 같다며 용기를 주었다. 나는 저녁마다 거울 앞에서 머리를 단발 길이만큼 올려보기도 하고 풀어보기도 하면서 분주했다. 괜히 잘랐다가 어울리지 않으면 도로 붙일 수도 없고, 단발을 내가 과연 관리할 수 있을까도 고민거리였다. 이렇게 몇 날 며칠을 고민한 끝에 미용실에 가기로 했다. 헤어스타일 하나 바꾸는 데 이렇게 큰 결심과 용기가 필요할 줄은 예전에는 미처 몰랐다. 익숙함이란 이다지도 무서운 것이다. 한 발 내딛는 것을 망설이게 할 뿐만 아니라 지금까지 고수해왔던 것들이 자꾸만 아깝기도 하고 흐트러지면 어쩌나 하는 걱정이 생긴다.

결과적으로 말하면 내 단발머리 시도는 성공적이었다. 나는 싹둑 잘라낸 다음 바깥쪽으로 말리도록 C컬 파마를 하고, 갈색으로 염색도 했다. 그전에도 웨이브를 준 적은 있었지만 C컬을 하다니, 뭔가 신선한 느낌이었다. 자르고 나니 이미지가 확 바뀌었을 뿐 아니라 새롭게 알게 된 사실이 하나 더 있다. 내 머리숱이 정말 많긴 많다는 점이었다. 그 길고 많은 머리카락을 쳐내고 짧은 머리로 바꾸니 그렇게 가벼울 수가 없었다. 감탄이 절로 나왔다. 지인들은 긴 머리보다 지금 헤어스타일이 훨씬 잘 어울린다고 말해주었다. 한 동생은 이제 기르지 말고 계속 그 길이를 유지하라고 했다. 서른 살 넘어서 머리에 준 변신은 대성공이었다. 엄마도 생각보다 새 헤어스타일이 잘 어울리자 많이 놀라셨다.

이승헌 국제뇌교육협회 회장은 한 강연에서 이렇게 강조했다.
"나는 뻔한 삶을 산다는 것이 두려웠다. 어제 본 영화를 오늘도 보고 내일도 본다는 것, 작년이나 올해나 내년이나, 이렇게 그냥 살아지는 것 아닌가 하는 두려움이 있었다."
익숙함에 안주하면 편할지는 모르겠지만 변화는 없다. 매일 똑같은 일을 하면서 사는 지금을 생각해보면 알 것이다. 원래 사람은 자동차를 만든다면, 혼자서 바퀴도 끼워보고 자동차 시트도 갈아보고 하면서 자신의 손에서 완벽한 자동차 한 대가 탄생하는 걸 보고 느낄 수 있어야 더 즐겁게 일할 수 있고 변화에도 능동적으로 대처할 수 있다. 하지만 일반 직장인들은 창의적으로 모든 일을 관장하는 것이 아니라 한 부분만 맡아서 처리한다. 기계를 취급하면서도 마치 자신이 기계의 한 부품이 된 것만 같다. 그래서 더욱 쉽게 익숙해지고, 그 익숙함에 편함이니 쉬움이니 하는 이름을 붙여 안주하기도 한다.

변화를 꺼리는 사람의 눈에는 오늘의 태양 빛이 내일과 다르게 이글거려도 항상 같아 보인다. 달이 인공위성처럼 지구 주위를 돌면서 밤마다 모습을 바꾸고 태양 빛이 비치는 각도에 따라 매일매일 달라진다는 사실에는 관심이 없다. 지구에서 보면 매번 초승달이 보름달이 될 뿐이다. 달력을 보면 일주일 단위로 시간이 늘 반복되는 것으로 보인다. 하지만 그 흐름 속에서 아이는 청년이 되고 청년은 노인이 된다. 매일 변하는 것이다. 역사만 흐르는 것이 아니라 내가 가치 있게 쓸 수 있는 시간도 같이 흐르고 있다. 익숙함에 젖어 머물러 있는 것은 세상에 아무것도 없다. 항상 끊임없이 변화한다. '변화하지 않는 것은 변화밖에 없다'라는 말이 실감 나는 이유다.

"다른 사람이 가져오는 변화나 더 좋은 시기를 기다리기만 하면 결국 변화는 오지 않을 것이다. 우리 자신이 바로 우리가 기다리던 사람이다. 우리 자신이 바로 우리가 찾는 변화다."

변화하는 것이 얼마나 중요한지를 설명한 오바마 대통령의 말이다. 무엇에서 변화를 시도해야 할지는 스스로 찾아야 한다. 이는 누군가가 지시를 내리는 사항도 아니고, 지시받는다고 해서 받아들일 수 있는 사항도 아니기 때문이다.

이제는 익숙함에서 탈피하여 변화의 물결을 맞이해야 한다. 변화를 주동적으로 받아들였을 때, 사람은 한층 성숙해지고 더욱 적극적인 삶을 살 수 있다. 어제와 같은 오늘을 사는 사람에게 내일은 없다. 굳이 내일을 맞이하지 않아도 다음 날이 오늘 또는 어제와 같을 것이라는 예측이 가능하기 때문이다. 이러한 삶은 사람과 맞지 않는다. 사람은 이 땅에 창조된 이후로 항상 모든 것을 발전시켜왔고 변화시켜왔다. 사람에게 변화는 본능이다. 그러니 늘 변화하고 싶고 달라지고 싶어 하는 마음을 부인하지 말자. 오히려 솔직하게 스스로에게 묻고 지금부터 달라지겠노라 결심해보자. 오늘 기꺼이 맞이한 변화가 내일을 새롭게 바꿔줄 것이다.

독자에서
작가로

    책은 지식과 경험을 공유해줄 뿐만 아니라 아픈 마음을 달래주며 지치지 않도록 지속적인 희망을 이야기해준다. 책이야말로 내 손에 들고 다니는 나만의 주치의다. 그래서 많은 사람이 도서관이나 서점에 쌓여 있는 책에 파묻혀 치유받곤 한다. 그곳을 나올 때에는 안정된 마음과 다시 일어설 수 있다는 긍정의 기운으로 힘이 솟아남을 느낀다.

    하루 이틀 책과 가까이하는 날이 많아지고 책의 향기를 느끼는 것이 일상생활이 되면 작가라는 사람들이 어떤 사람들인지, 그들은 어떻게 글을 쓰게 됐는지 궁금해지곤 한다. 그 사람들은 어떻게 지식을 전달하고 내 마음을 알아주는 글을 쓰는 것인지 가끔 신기하다는 생각에 작가 이름과 프로필을 뚫어지게 쳐다보곤 했다.

그래서일까? 책을 읽으면 읽을수록 글을 쓰고 싶다고 생각하는 사람도 자연스럽게 많아진다. 보잘것없을지라도 누군가에게 작은 희망의 목소리나마 들려주고 싶고, 나만의 스토리가 책으로 엮여 나오는 모습을 상상하면 더욱 욕심이 생긴다. 비록 가진 지식이 남보다 부족하고 하찮은 이야기일지라도 책에서 얻은 용기와 책을 쓰고 싶다는 희망을 그냥 버리기에는 아쉬움이 크다. 그뿐만이 아니다. 분명 책을 읽으면서 그 속에서 많은 사람을 만나고, 그들의 철학과 생각들을 흡수하며 생각하고 고뇌한다. 책을 읽는 것으로도 사유가 깊어지지만, 그들의 지혜와 지식을 내 손으로 엮어보고 싶을 때도 있다. 책을 쓰면 이러한 지혜와 경험을 나에게 대입해서 해석하게 되고, 내 식으로 받아들이며, 더욱 깊이 음미할 수 있는 가슴 뛰는 기회를 얻게 된다. 그러고 보면 '작가'가 되는 사람들은 어쩌면 자신을 위해 글을 쓰는 사람들일지도 모른다.

책을 쓰게 되는 이유가 꼭 이런 개인적 욕심 때문만은 아니다. 꾸준히 읽다 보면 읽은 책들이 내 머릿속에서 나갈 때를 이제나저제나 기다리게 된다. 동시에 내면에 쌓아둔 이야기들이 물이 범람하듯 차오르는 순간, 도저히 글을 쓰지 않고는 못 견디게 된다. 내 이야기를 세상 밖으로 나오게 해야 한다는 신호탄이다.

나는 책을 쓴다는 일에 첫발을 내딛기가 쉽지만은 않았다. '책을 쓰다가 못 쓰게 되면 어떻게 하지?'라는 걱정부터 시작해서 책을 쓰고 싶다는 생각이 그저 내 욕심인 것은 아닌지 하루에도 열두 번씩 갈팡질팡했다. 이것저것 생각하기 싫어서 책 쓰는 것을 포기할까 생각도 했다. 잠시 포기를 생각했던 그날도 여러 권의 책을 구입했다. 그중 한 권이 바로 도러시아 브랜디의 《작가수업》이었다. 글 쓰는 것을 포기하려고 했던 내가 이 책을 구입하다니 조금 아이러니하기도 하다. '글 잘 쓰는 독창적인 작가가 되는 법'이라는 부제가 이 책을 꼭 구매하도록 유혹했다. 이 책은 타고난 실력자만이 작가가 되는 것은 아니라는 희망의 메시지를 곳곳에 담아두어 내게 다시 용기를 심어주었다.

책을 읽는 것이 나의 정신과 마음이라는 땅에 삶의 희망과 위안이라는 씨앗을 뿌리는 행위라면, 책 쓰기는 이 씨앗들을 나만의 지혜와 경험으로 키워내서 거두어들일 수 있는 과실과 같다. 실제로 강사 김미경, 심리학자 김정운 등 많은 사람이 자신의 철학과 지식을 바탕으로 책을 출간해서 더욱 특별한 모습으로 많은 사람 앞에서 강연을 하고 있다. 한비야 역시 책을 출간하고 자신이 원하는 곳으로 성공적으로 이직했을 뿐만 아니라 더 큰 세계를 향해 일할 수 있게 됐다.

《나를 표현하는 글쓰기, 나를 대신하는 책쓰기》에서 정형권은 글을 쓰는 일에 대해 다음과 같이 말한다.

"좁은 문으로 들어가기를 힘쓰라"는 말씀이 있다. 책 쓰기의 문은 좁고도 험하다. 그 좁은 문으로 들어가라고 말하려 하니 내가 처음 책을 쓰던 그때가 생각나 독자들에게 미안한 마음이 든다. 하지만 그 좁은 문을 통과하고 나면 거기에 빛이 있고 또한 생명이 있다. 책을 쓰는 과정은 좁고 기다란 암흑의 터널을 통과하는 것처럼 힘들고 절망스러울 때가 있지만 책을 다 쓰고 나면 고생했다고, 수고 많았다고 자신의 어깨를 두드리며 스스로를 대견스러워 할 것이다.

 책 한 권이 보통 300페이지 내외라 할 때 A4용지로 계산하면 100~120매가 나온다. 책을 쓰기 위해 맨 처음 한 줄을 타이핑하려고 책상 앞에 앉으면 막막하기만 하고, 지금까지 읽어왔던 책의 내용조차 떠오르지 않아서 본인에게 실망하기도 한다. 자신의 이야기를 어떻게 풀어낼지 몰라서 당혹스러울 때도 있다. 하지만 조금씩 매일 써나가는 동안 아무것도 적혀 있지 않았던 백지가 한 줄 한 줄 채워져나가는 것을 볼 때는 세상 무엇과도 바꿀 수 없는 희열이 느껴진다. 바로 그 순간이 스스로가 책을 쓰는 마법사라고 느끼는 순간이다. 내 마법에 걸린 대상은 바로 나다. 이렇게 행복한 순간을 스스로에게 줄 수 있다니 이보다 더한 마법이 또 있을까.
 쓰다 보면 다 채워가지 못하는 날도 있고 써지지 않아 좌절하는 날도 있다. 굉장한 필력으로 솜씨를 뽐내는 다른 사람들이 부러울 때도 많고, 나는 왜 늦게 시작해서 이 고생인가 하는 생각도 든다. 종일 회사에서 일하고 와서 잠도 못 자고 흰 바탕과 씨름하고 있을 때면 이게 뭐하는 짓인가 싶을 때도 있다. 하지만 어떻게든 완성된 한 장은 나의 마음고생을 말끔히 잊게 해준다. 초고(초벌로 쓴 원고)를 다 쓴 후 탈고(쓴 것을 전부 다시 교정해서 원고를 마치는 작업) 과정을 거칠 때 또다시 좌절을 맛보기는 한다. 하지만 백지 한 장이 채워진 순간만큼은 큰 도전을 해서 선물을 얻은 것 같아 한없이 기쁘다.

《책을 쓴 후 내 인생이 달라졌다》의 공저자인 김화인은 다음과 같이 말한다.

> 책을 쓰고 나서 겉으로는 크게 달라진 것이 없다. 아직은 18년 차 영어 교사이고 한 남자의 아내, 두 아이의 엄마, 평범한 주부인 40대 아줌마에 불과하다. 하지만 앞으로는 크게 달라질 것이다. 보이지 않는 생각과 의식이 바뀌었으니, 그 달라진 생각과 의식이 남들과는 차별화된 미래를 만들어낼 것이다. 보이지 않는 뿌리가 나무의 생사를 결정하듯, 보이지 않는 내 의식의 변화로부터 자신을 알기 위한 가장 좋은 방법은 책 쓰기라 믿는다.

책은 나의 지식을 채우고 마음을 단단하게 하는 마법을 부리지만, 책 쓰기는 나를 마법사로 만들어준다. 책이 나오고 나면 작가라는 타이틀이 생기기 때문만은 아니다. 책을 읽기만 할 때는 간과했던 나에 대한 모든 기억과 감각을 책을 써가면서는 자기도 모르게 유기적으로 연결하려고 한다. 내면의 모든 것이 꺼내져 나오면 나도 모르는 나 자신을 발견하게 된다. 그저 썼을 뿐인데 치유가 되는 것이다. 이런저런 아픔이나 슬픔을 아직까지도 간직하고 있었다는 것을 알게 되면서 나 자신을 더욱 깊이 이해하게 된다. 그리고 모든 것을 적어놓고 나면 스스로에 대한 인식도 바뀌고 새롭게 내 삶을 재정리하게 된다. 과거가 정리되니 미래를 볼 수 있게 되는 것이다.

　모든 사람은 남에게 알리지 못하고 마음속에 간직한 자기만의 이야기가 있다. 그것들을 재료 삼아서 책 쓰기를 시도하면 된다. 그것이 아픔이든 기쁨이든 상관없다. 책에는 모든 이야기를 풀어낼 수 있다. 그러니 책 쓰기에 도전하지 못할 것이라는 개인적인 의구심과 두려움은 떨쳐버려도 좋다. 그저 나의 이야기를 정리하고, 내면의 모든 것을 꺼내서 풀어놓는다고 생각하자. 내 이야기가 담긴 책 한 권이 나오는 모습을 상상하며 내 손으로 직접 나를 위한 마법서를 완성해보자.

스펙 강박에서
벗어나다

최근에 서울대 인문계 학생들의 취업난이 생각보다 심각하다는 뉴스를 접하고 적잖이 놀랐다. 서울대 학생뿐만 아니라 우리나라의 굵직한 명문대 학생들은 이름 있는 대학에 들어가기 위해 누구보다 열심히 공부했고, 모든 면에서 최선을 다했다. 대학에서도 방만하게 생활하지 않고 늘 해왔듯이 최선을 다해왔다. 하지만 취업의 문 앞에서는 다른 취업 준비생과 마찬가지로 초조해하고 있다. 요새는 명문대생들 사이에서도 차라리 취업 교육 잘 시켜주는 대학에 가는 게 낫다는 자조 섞인 목소리도 나오고 있다.

사실 IMF 시절이나 몇 년 전 금융 위기 때에도 소위 말하는 빅3 명문대생들은 취업난을 비껴 갔던 게 사실이다. 그래서 사람들은 더더욱 공부 잘해서 좋은 대학 가는 것만이 자기 길을 찾는 최상의 방법이라고 여기게 됐다. 그런데 최근 몇 년 사이에 사회의 변화 속도가 점점 빨라졌고, 이제 더는 명문대 졸업만으로는 예전만큼 프리미엄을 누릴 수 없게 됐다. 현재 이들 역시 취업을 위해 토익 공부에 매달리며 영어 스피킹을 준비하고, 독서 토론에 참여하는 등 취업 준비에 열을 올리고 있다. 또한 해외 연수도 다녀오고 인턴십에 지원해서 경력을 쌓기도 하면서 이력서를 채우기 위해 노력 중이다. 하지만 여전히 자신들이 바라마지 않는 곳으로의 취업은 쉽지 않아 보인다.

《스토리가 스펙을 이긴다》에서 김정태는 이렇게 주장한다.

> 아리스토텔레스는 《시학》에서 스토리는 "반드시 행동에 관한 것"이라고 강조했다. 《나를 찾아가는 이야기》에서 기독교 심리학자 댄 알렌더는 이를 "행동이야말로 우리가 정말로 가치 있게 여기는 것이 무엇인지 말해주기 때문"이라고 설명한다. 결국 우리가 어떤 사람이었는지 드러내는 것은 우리의 '생각'이 아니라 '행동'이다. 스펙은 '지식'에 관한 것으로 '행동'을 보여주진 못한다. 그 사람이 진정 어떠한 사람인지 판단하기 위해서는 '지식'이 아니라 '행동'이 필요하다.

스펙에 목매는 일은 어제오늘 일이 아니다. 단군 이래 최고의 스펙을 자랑하는 우리지만, 항상 남보다 못 배운 것 같고 부족한 것 같다. 그래서 또 열심히 무언가를 배우려고 한다. 배우는 것은 지향해야 할 일이나, 이력서에 적기 위한 스펙 쌓기 식의 배움은 이제

지양되어야 한다. 지금도 많은 사람이 더 나은 내가 되기를 바라며 무언가를 찾아 열심히 배우고 있다. 배움을 통해 자기가 더 나은 사람이 되기를 바라는 것은 당연한 일이지만, 원하는 바가 무엇인지도 모른 채 무작정 배우는 것은 시간을 잃게 할 뿐이다.

폴로룬쇼 알라키자는 나이지리아에서 최고의 여성 부호로 손꼽힌다. 2014년 12월 미국 시사주간지 〈타임〉에 따르면 알라키자의 자산은 총 33억 달러(약 3조 6,000억 원)로 그간 1위를 달리던 오프라 윈프리(30억 달러)를 제치고 세계에서 가장 돈 많은 흑인 여성이 되었다. 이 부의 원천은 석유사업이다. 일찍 사회에 나가서 현장을 발로 뛰며 배웠던 그녀는 영국 런던으로 건너가 비서 업무와 패션 디자인을 공부했다. 그 후에 나이지리아로 돌아와서 머천트뱅크에서 비서로 일했다. 하지만 그녀는 비서직에 만족하지 않고 사업에 도전했다. 그녀가 차린 의류회사 슈프림스티치는 영부인을 포함한 나이지리아 상류층 여성들이 즐겨 찾는 인기 브랜드가 됐다. 이후에는 팜파석유회사를 설립하면서 나이지리아 내 유전의 60퍼센트를 장악하는 거부가 됐다.

고졸 출신인 그녀는 대학에 꼭 갈 필요가 없다고 단호하게 말한다. 그녀 자신이 대학에 들어가지 않고도 슈퍼리치가 됐기 때문이다.

"나는 대학에 가지 않은 사실을 자랑스럽게 말할 수 있다. 학력 때문에 내 인생이 나빴던 적은 없었기 때문이다."

그녀는 한 대학 강연에서 사회가 밟아오는 정식 교육이 반드시 성공을 보장해주지는 않는다고 말하면서 '고된 노동과 자기 고집이야말로 성공을 위해 가장 중요한 요소'라고 강조했다. 세간의 잣대로 보자면 '고졸 출신'에 '흑인 여성'이라는 핸디캡은 실로 적지 않다. 하지만 그녀는 이 모든 것은 극복할 수 있는 것이며, 끝내 성공할 수 있다는 것을 보여주었다.

스펙은 보여주기 위한 도구이지만, 정말 중요한 것들은 사실 우리 눈에 보이지 않는다. 꿈, 희망, 도전 정신 등의 훌륭한 가치야말로 사람을 지탱해주고 더 나은 내일을 만들 수 있도록 해준다.

2015년도 수능 만점자 이동헌 군은 자기들은 어느 때보다 과열된 입시 경쟁을 치렀고 고등학교 졸업자의 80퍼센트가 대학에 진학하지만, 그중 상당수는 대학 전공과 관련 없는 분야에 일하게 될 것이라고 말했다. 대학 입시, 취업 입시 등 입시 경쟁으로 개성이 사라지는 사회에 따끔한 한마디를 던진 셈이다. 똑같이 배우고, 똑같이 생각하고, 똑같이 살아가는 우리 현실에 이제 10대들도 반기를 들기 시작한 것이다. 니체 역시 젊은이를 타락으로 이끄는 확실한 방법은, 다르게 생각하는 사람 대신 같은 사고방식을 가진 사람을 존경하도록 지시하는 것이라고 경고한 바 있다.

오랜 세월 사회에서 쓴맛 매운맛 다 맛보신 한 나이 지긋한 지인은 21세기에도 덮어놓고 무작정 '대학'과 '대기업'에 너무 목맨다며 이런 말씀을 하셨다.

"예전에 반에서 1, 2등 하던 애들은 다들 뭐 대기업 가고 공기업

가서 처음에는 다른 사람들 부러움을 샀지. 그런데 나이 마흔 넘어가니까 어느 날부턴가 날 찾아와서 일자리 없느냐고 하더라고. 반에서 10등, 20등 하던 애들은 지금 다 식당 차렸어. 근데 꼴찌 하던 애들은 밑바닥부터 시작하더니 지금 다 CEO 됐어. 동창회 하면 1, 2등 하던 애들은 안 나오고 꼴찌 하던 애들이 나와서 밥 사. 재밌지 않아?"

모든 사람에게 해당하는 이야기는 아니지만, 확실히 '스펙만' 채운 사람들의 설 자리가 점점 사라져가고 있다는 것은 부인할 수 없는 현실이 되고 있다. 처음 입사할 당시에는 좋은 대학과 점수가 먼저 보이겠지만, 시간이 지나면서 갓 대학을 졸업한 더 참신하고 똑부러지는 신입들이 쏟아져 나오게 된다. 지식밖에 없는 사람은 얼마든지 더 많은 지식을 가진 사람으로 대체할 수 있다.

그렇다면 어떻게 해야 할까? 지금이라도 자신을 찾는 길에 들어서야 한다. 그 길이 조금 돌아가는 길이라도 말이다.

《나만의 스토리로 승부하라》에서 서정현은 다음과 같이 강조한다.

> 당신이 조금 늦은 후발 주자여도 괜찮다. 중요한 점은 조금 늦더라도 필요한 모든 단계를 거쳐 가장 중요한 것을 얻게 되느냐 하는 것이다. 콘셉트가 확실하다면 당신이 하나의 브랜드가 될 수 있고, 브랜드가 사람들에게 인정받기 시작하면 이제 성공의 탄탄대로가 당신 앞에 놓인 것이다. 그 순간까지 그 무엇에도 흔들리지 말고 무소의 뿔처럼 길을 가야 한다.

자신을 대표하는 것이 딱 4년 몸담았던 출신 학교가 된다면 대부분 사람과 마찬가지로 나는 그저 별 볼 일 없는 사람이 되고 말 것이다. 혹은 현재의 지위가 나를 표현해준다면 그 지위가 사라졌을 때 나를 대표해줄 만한 것을 찾기란 쉽지 않을 것이다. 하지만 다른 사람과 조금은 다르게 생각하고 하고 싶은 일을 하기 위한 경험을 쌓고 있다면, 내 스토리가 얼마든지 탄생할 것이고 내가 바로 인생의 주인공이 될 수 있다.

주인공은 가장 빛나는 사람이자 누군가와 대체할 수 없는 사람이다. 자신을 찾기에 지금은 늦었다고 생각할 수도 있다. 나 역시 작가가 되기에 서른 넘은 나이는 처음부터 준비할 것이 많은 나이라고 생각하며 대학원 진학을 심각하게 고민한 적도 있다. 하지만 대학원은 내가 아니어도 많은 사람이 가고 있다. 그래서 나는 내가 진짜 하고 싶은 일인 글을 쓰기로 했다. 진짜 스펙은 실력이라고 한다. 진짜 실력을 쌓는 데에는 길을 좀 돌아가더라도, 아니면 좀 늦게 시작하더라도 문제 될 것이 없다. 오히려 늦게 시작한 만큼 내 스토리를 더욱 탄탄하고 반듯하게 쌓을 수 있다. 내 삶에 의미를 부여하고 표현해낼 수 있는 오직 한 사람, 나라는 사람을 위해 나만의 스토리를 꿈꿔보자.

마음이
외치는 날

학창 시절에는 나에게도 좋아하던 가수들이 있었다. 바로 우리 세대가 10대였을 때의 대표 아이콘 H.O.T.다. 그들은 학창 시절 내 가슴을 떨리게 하는 '꿈' 같은 존재였다. 나는 그들의 팬이 된 순간, 가만히 있을 수가 없었다. 한 번이라도 볼 수 있으면 좋겠다고 생각하며 방송국부터 다니기 시작했다. 뒤이어 집 알아내고, 멤버들이 주로 가는 음식점이 어디인지 잘 놀러 가는 곳은 또 어디인지 찾아내서 따라다니는, 요샛말로 '사생팬'이 됐다. 학창 시절 내가 중국어 이후 마음이 시키는 대로 지체 없이 따른 일이 바로 이들을 보고 싶다는 마음을 행동으로 표현한 것이었다.

서울에서 잠시 대학을 다닐 때 친하게 지내던 친구들은 내가 H.O.T.에 대해 얼마나 열정적인지 알고 있었다. 한 친구는 뜬금없이 이렇게 말했다.

"그래도 너는 좋겠다. 뭔가 열정을 바칠 게 있으니까."

그 친구는 20년간 살면서 한 번도 뭔가에 푹 빠져본 적이 없다고 했다. 좋아하는 것은 있었지만 열성을 바칠 만한 그 무엇이 없어서 조금 따분하다고 했다. 나는 그녀의 말에 약간 어리둥절했지만, 아직 우린 어리니까 너도 꼭 재미있는 일이 생기게 될 거라고 위로하듯 말해주었다.

직장인이 되면 비록 통장을 스쳐 지나갈지라도 한 달 치 월급을 따박따박 받을 수 있다. 월급이 나를 먹여 살리긴 하지만 그 월급에 익숙해지는 순간 열정을 잃게 된다. 액수가 많거나 좀 적거나와 상관없이, 안정적으로 나오는 돈은 큰 의지를 발휘하지 않는 한 사람을 안주하게 한다. B 역시 월급에 중독되어 있던 친구인데, 갑자기 자기계발을 해야겠다고 하면서 영어를 배우겠다고 했다. 그리고 어떻게 공부해야 효율적일까를 고민했다.

하지만 그녀는 고민한 만큼 실제로 효과를 거두지는 못했다. 영어 공부를 위해 처음에는 학원을 알아보다가 학원이 아니라 인터넷 강의로도 양질의 교육을 받을 수 있다고 생각했다. 그러더니 그 다음에는 혼자서 문제집으로 공부하기로 했다. 학원비에서 문제집만큼의 비용을 빼고 남은 돈은 저축을 할 수 있겠다는 계산이었다. 그런데 이것은 그녀 자신을 속이는 꼼수였다. 결론을 말하자면 그렇게 하지 못했다. 일단 학원비를 문제집 한 권으로 대체하면 한 달에 약 10만 원 정도의 돈이 남는다. 처음에는 계획한 바가 있어 저축도 잘 하고, 문제집도 꼬박꼬박 학원 다니듯이 정해진 시간에 봤다. 그렇지만 갈수록 문제집은 들춰보지도 않는 날이 많아졌고, 남은 돈은 외식을 하거나 옷 사는 데 썼다. 그때는 나에게도 잘 베풀었다.

내가 봤을 때 그녀는 누가 잡아줘야 공부하는 스타일이라 학원을 갔어야 했다. 그녀 앞에서는 이런 내 의견을 차마 말하지 못하고, 전화 통화할 때 빙빙 에둘러 말한 적이 있었다. 그녀는 내 말의 의도를 알아차리고, 차라리 학원을 다녔더라면 조금 강제적으로라도 공부하면서 짧은 시간에 집중적으로 뭔가를 얻었을 거라며 후회했다. 문제집 사고 남는 돈을 옷 사는 데 쓰면서는 '평소 나는 옷을 잘 사지 못했으니 아껴서 산 것과 마찬가지지'라고 자기 합리화를 하기도 했다고 고백했다.

그녀를 보면서 '하고 싶다'라는 마음으로만 그친 일 앞에서는 저축도 핑계가 될 수 있다는 것을 알게 됐다. 정말로 뭔가를 하고 싶은 사람은 "우선 저축해야지", "내년에 돈 모아서 해야지"라고 말하지 않는다. 마음만 가지고서는 어떤 결과도 만들어낼 수 없다는 것을 잘 알기 때문이다. 무언가를 진짜로 실행에 옮기는 사람은 그 일이 자신에게 최고의 선택인지를 먼저 생각한다. 그래서 결심하기까지는 오래 걸려도 한 번 결심하면 누구보다 최선을 다할 수 있다.

시오노 나나미는 《침묵하는 소수》에서 행동으로 옮기지 못하는 사람에게 이렇게 일침을 놓았다.

> "결단을 내리는 데 시간이 걸리는 사람을 비난해서는 안 되네. 정작 비난
> 해야 할 대상은 결단을 내린 뒤에도 실행에 옮기는 데 시간이 걸리는 사
> 람이야."

마음만 있고 행동으로 옮기지 않는다면 성취하고자 하는 바를 절
대로 이룰 수 없다. 이것은 일종의 법칙처럼 항상 들어맞는다. 예
를 들어 복권에 당첨되기를 바란다면 적어도 매주 복권 한 장은 구
매해야 기대라도 해볼 수 있다. 그런데 어쩌다가 한 번 구매하면서
매주 발표되는 1등 당첨자만을 부러워하는 것은 요행을 바라는 것
과 같다.

하고 싶은 일을 하기 전에 가장 많이 고려하는 것은 지금의 '상황'
과 '현실'이다. 사람들이 현실에 갇히는 가장 큰 이유는 바로 '자발
적으로' 현실적이 되어가기 때문이다. 이상을 바라볼 줄 아는 어린
아이들은 마음껏 꿈을 꾸며 나중에 커서 공주님이 된다고 하고 로
봇이 된다고도 한다. 어른들도 이 아이들의 꿈에 적극 동참하는 말
들을 해주며 이룰 수 있다고 한껏 꿈을 키워주기도 한다. 하지만 어
른이 되면 더는 이상을 품지도 않고, 이상이 있어도 행동으로 옮기
지 못한다. 오히려 몽상가라고 남들의 질타를 받게 된다. 말할 때
도 현실적이어야 하고, 사람을 사귀는 데에도 현실적이어야 하며,
심지어 꿈을 꿀 때도 무조건 현실적인 것들을 따져야 한다.

"현실적으로 아직은 안 되니까."

이런 말이 당장은 스스로를 위로할 수 있을 것 같지만, 마음만 가지고는 내일의 '현실'이 오늘의 그것과 결국 같을 수밖에 없다는 것을 누구보다도 자신이 잘 알고 있다. 현실 속에 있는 사람은 행동하지 못하고, 행동하지 않을 때 사람들은 무기력해진다.

벳쇼 료는《바보는 항상 1등의 룰만 따른다》에서 거북이 같이 평범한 우리가 어떤 전투적인 마인드를 가져야 하는지 알려준다.

> 자신이 거북이라면 토끼와 경쟁하자. 자신이 토끼라면 사자와도 경쟁해보자. 일단 덤벼보고 이기는 방법을 생각하면 된다. 물론 자신의 능력만으로 이길 수 없는 일도 있다. 그러나 머리를 짜내면 어떻게든 방법을 찾을 수 있다. 그것이 중요하다.

결정을 내릴 때까지는 신중한 것이 좋다. 지금 하고 싶은 것에 대해서 깊게 생각하고, 계획도 알차게 짜놓아야 한다. 하지만 때로는 진짜 마음 가는 대로 자신의 열정을 '불 싸질러' 버려야 하는 경우도 있다. 이 말은 무작정 지금 처한 현실을 무시하고 불도저처럼 덤벼들라는 의미가 아니다. 다만 마음에만 담아두기에 아까운 꿈들과 하고 싶은 일이 있다면 한번 해보라는 것이다. 계속 꿈앞에서 머뭇거린다면 나중에 가장 큰 후회를 하게 될 사람은 다름아닌 자신이다.

미국의 극작가 조지 버나드 쇼는 "우물쭈물하다 내 이럴 줄 알았지"라는 말을 묘비명에 남겼다. 하지 않았던 일이, 도전하지 않았던 일이 사는 내내 가장 마음을 헛헛하게 하는 것이다. 생각해보면 인터넷쇼핑할 때에는 하루에 열두 번도 더 지름신이 강림한다. 그런데 왜 생각을 실천하는 데에는, 마음 가는 대로 행동하겠다는 결심 앞에서는 마우스를 클릭하던 그 집게손가락을 멈추는 걸까. 이제는 그 지름신을 자신이 하고 싶은 일을 실행에 옮기는 데에 이용해보자. 마음 가는 것에 집중하고, 그 마음을 반드시 행동으로 표출해내겠다고 결심하자.

기억하라, 행동하기 가장 좋은 날은 바로 마음에서 하고 싶다고 외치는 바로 그날이다.

남 보기
그럴싸하지 않으면 어때?

2005년 스탠퍼드대학교 졸업 연설에서 스티브 잡스는 이렇게 말했다.

"당신의 마음은 당신이 정말 무엇이 되고 싶은지 알고 있습니다. 여러분의 시간은 제한되어 있습니다. 다른 사람의 생각을 따라 사는 데 당신의 인생을 낭비하지 마십시오."

나는 남의 꿈을 훔쳐보는 일이 재밌다. 버킷리스트를 구체적으로 적은 책을 보면, 그 사람이 어떻게 살아왔는지 알 수 있고, 또 앞으로 어떻게 살게 될 것인지가 그려진다. 그리고 나 또한 그들이 꿈꾸는 것을 꿈꿀 수 있을까 하고 한 번쯤 상상하게 된다. 혹은 그들이 꿈꾸는 것 이상을 해낼 수 있지 않을까 기대하게 된다. 그야말로 저자가 책을 통해 내게 가져다준 꿈의 목록이다.

하루 10분, 하루 한 뼘

처음부터 버킷리스트와 관련된 책을 읽은 건 아니었다. 역사책을 좋아했던 나는 중고등학교 시절에 나를 싫어하는 친구들 때문에 속이 상할 때마다 역사책을 읽었다. 우리나라에 쳐들어온 나쁜 적을 섬멸하는 위인들의 이야기를 읽으며 대리만족을 느꼈던 것이다. 다시 책을 집어들었을 때에도 역사책에 먼저 손이 갔다. '버킷리스트'라는 것에 관해 들어본 적은 있었지만, 관심도 없었고 내가 리스트를 만들어볼 마음도 없었다.

그러다가 우연히 한 미용실에서 틀어놓은 영화를 보게 됐다. 〈버킷리스트〉였다. 두 노인이 죽음을 앞두고 하고 싶은 일을 하나씩 적고 이루어가는 스토리였다. 영화를 보고 난 후 나는 죽음을 앞둔 사람만이 저렇게 하고 싶은 일을 다 하려고 마음먹을 수 있는 것인가에 대해 생각하게 됐다. 건강하게 살아 있는 지금 내가 하고 싶은 일을 한다면 그것만큼 축복받은 일도 없다는 생각과 함께 나도 버킷리스트를 작성해보자고 결심했다. 그런데 나도 내가 정확히 무엇을 하고 싶어 하는지 확신이 서지 않았다. 그때부터 버킷리스트와 관련된 책을 읽기 시작했다.

강창균, 유영만 공저인 《버킷리스트》를 보면 여러 꿈의 목록이 나와 있다. 책을 보기 전까지 나는 박사학위 받기, 유학 가기, 세계여행, 해외 봉사 같은 거창하거나 숭고한 목적이 있는 버킷리스트를 작성해야 한다고 생각했다. 그런데 사람들의 목록은 내가 생각했던 것보다 소박했다. 일테면 스위트룸에서 1년 동안 살기(30세,

호텔리어), 과속 카메라 앞에서 가속 페달 밟기(35세, 무직), 학생회장 오빠와 콘서트 가기(16세, 여고생), 아내와 세계 일주하기(40대, 사장) 등이었다.

무작정 거창해야 하고 남 보기 그럴싸한 것들만 채워 넣는 것이 아니었다. 평소에 소소하게 바랐던 것들 모두 버킷리스트의 한 자리를 차지할 수 있다는 것을 알았을 때, 작성해보려고 했던 내 마음의 짐이 조금 가벼워진 느낌이었다.

위닝북스의 《버킷 리스트》에서 정태유는 이렇게 말했다.

> 나에게 있어 버킷리스트란, 주문할 상품을 넣어 둔 장바구니와 같다. 언제부터 마음에 담아두었는지 모르지만, 마음에 담긴 그 순간부터 무의식 속에 잠들어 있으면서도 끊임없이 나에게 행동하게끔 만드는 것이다.

우리는 인터넷쇼핑 장바구니에 해외여행, 명품 가방, 유명 브랜드 시계만 넣지 않는다. 오히려 생필품, 먹거리, 간식거리를 더 많이 구매하고 어떻게 하면 더 질 좋은 상품을 살 수 있는지 고민한다. 그리고 필요할 때는 구매를 결정한다. 버킷리스트 역시 마찬가지다. 자기기 생각하기에 거창한 꿈부터 소소한 꿈까지 내 마음이 하고 싶은 모든 것을 적어놓고 천천히 실천해가면 되는 것이다.

몇 년 전에 혼자 2박 3일로 경주 여행을 다녀오려고 계획한 적이 있다. 인터넷 검색으로 알게 된 유명한 게스트하우스에 예약도 마쳤다. KTX 표를 예매하면서 들뜬 한 달을 보냈지만, 예약한 날 즈음에 큰 태풍이 온다는 소식이 들려 예매했던 모든 것을 취소했다. 취소하면서도 혹시 일기예보가 틀렸으면 어쩌나 하는 걱정을 했는데, 예보대로 큰 태풍이 왔다. 오히려 취소한 것이 잘한 일이었다. 그다음 해는 공무원 시험 준비하느라고 바빠서 계획했다가 포기했다.

그렇게 경주로 떠나는 것은 잊힌 줄 알았는데, 혼자 떠나는 여행에 대한 아쉬움이 계속 마음에 남아 있음을 알게 됐다. 그래서 나는 버킷리스트 '개인 바람'란의 첫 목록에 '경주에 혼자 여행 가기'를 적었다. 그리고 그다음 해에 비로소 별문제 없이 4박 5일로 경주에 가게 됐다.

그 여행에서 돌아오고부터는 본격적으로 버킷리스트를 적어가기 시작했다. 5년 후 이루고 싶은 것들과 하고 싶은 모든 것을 적었다. 무엇을 적어야 할지 모를 때는 이미 버킷리스트를 가진 사람들의 글을 보며 내 안에 무슨 꿈들이 있었는지를 살펴보았다. 그들이 하는 것을 따라 하겠다는 뜻이 아니라 그들이 갖고 있는 꿈의 목록에서 내가 하고 싶었던 것을 발견하거나, 잊었던 것들을 상기할 수 있기 때문이다. 다른 사람의 수많은 버킷리스트 중에 유독 작가 되기, 책 쓰기 항목에서 내 시선이 멈춘다는 것을 느꼈다. 그 순간 이상하게 마음이 쿵쾅거렸다. 내가 지금 할 수 있는 일이 아닌 것 같은데, 할 수 있는 일인 것 같기도 했다. 마음에 은은한 훈풍이 불어 들어오기 시작했다.

결국 두 번째 버킷리스트에 '사랑하고 사랑받는 작가 되기'를 적어 넣었다. 더불어 '많은 사람과 소통하며 함께 사는 강연가 되기'가 그 아랫줄을 장식했다. 처음에는 이 두 목록을 적고 지우고 다시 쓰기를 수차례 반복했다. 괜히 나 자신을 쓸데없이 충동질하는 것 같아 마음이 불편했다. 하지만 쓰고 지우는 일도 지겨워서 일단은 그냥 적은 채로 두기로 했다.

그다음 목록은 고치고 싶은 성격 고치기, 용서해줄 사람들 용서하기 그리고 나를 용서하기 등 지극히 사적인 목록도 함께 적어보았다. 적는 순간, 어떤 것들은 이미 이루어져 있었다. '나를 용서하기'가 그중 하나였다. 늘 마음으로만 생각했던 것을 글로 적고 보니, 내가 실제로는 많은 부분에서 나를 용서하지 않았었다는 것을 알게 됐고, 그 순간 이루 말할 수 없는 아픔과 슬픔이 밀려오면서 코끝이 찡해졌다. 버킷리스트 작성은 잃어버린 나의 열정뿐만 아니라 내면의 목소리를 듣는 한 방법이었다.

나는 친한 친구에게도 버킷리스트 적기를 권했다. 그런데 자신은 하고 싶은 것이 없다고 딱 잘라 말했다. 적고 나면 분명히 몇 가지 활력이 되는 일들이 있을 것이라고 적어보기를 다시 한 번 강력히 권했다. 그래도 시큰둥한 반응이었다. 적어가기 시작하면 수십 개가 나올 테니 부담 갖지 말고 한번 해보라고 마지막으로 권했지만, 그냥 귀찮다고 했다. TV 보면서도 할 수 있는 일을 하지 않겠다니 내가 다 아쉬웠다.

그러던 어느 날 그녀가 자기도 버킷리스트를 만들었다고 말했다. 약 50개를 적어놓았는데, 대부분 여행에 관련된 것이라고 했다. 혼자 여행하는 것에 대한 동경과 두려움이 동시에 있던 그녀는 그 여행을 모두 혼자 다녀오겠노라고 선언했다. 그리고 난생처음으로 지난해에 혼자 홍콩으로 다녀오고 나서는 흥분을 가라앉히지 못했다.

남경홍은 《허공의 놀라운 비밀》에서 이렇게 말했다.

> 상상력(그림)과 낭송(말), 쓰기(글)는 생각이 빠른 기간 내에 물질화가 되는 데 크게 기여한다. 이 세 가지를 함께 실행하라. 이것이 핵심이다. 인류는 일상생활에서 이를 항상 이용하면서도 이를 깨닫지 못하고 있다. 앎은 신념을 굳건하게 만들어준다.

버킷리스트는 이성이 판단해서 할 일을 정해주기보다는 순수하게 내 마음이 하고 싶은 일을 적게 해준다. 그동안 억눌리고 외면했던 마음이 진짜 원하는 일이 무엇인지 발견하게 해준다. 지금 당장 하고 싶은 일은 무엇인가? 어떤 일을 했을 때 즐거운가? 무엇을 봤을 때 열정이 샘솟는가? 아직 내 속을 잘 모르겠다면 종이 한 장 앞에 두고 펜을 들어 기록을 시작하자. 내 안에 감춰져 있던, 자신도 깜짝 놀랄 목록들이 샘솟아 나올 것이다.

파란색스럽게,
하얀색스럽게

　최근에 수강한 마케팅 수업에서 알게 된 한 지인이 '퍼스널 칼라'에 대해 조언해준 적이 있다. 그분은 패션 관련 분야를 전공하셨고, 그 분야와 관련된 일을 하고 있어서 얼굴만 보아도 무슨 색이 가장 잘 어울리는지 집어내는 능력을 가지고 있었다.

　내게는 파란색과 흰색이 가장 잘 어울리는 색깔이라고 했다. 하지만 가지고 있는 옷 중에 파란색은 없었다. 그분은 내게 파란색이 없을 수도 있고 흰색 옷이 많지 않을 수도 있으니 다음부터는 '파란색스럽게, 하얀색스럽게' 입으라고 알려주셨다. 이게 무슨 말인가 싶었다. 알고 보니 빨간색도 내게 어울리지만, 빨간색을 '하얀색스럽게' 바꾼 핑크도 내 피부색에 잘 받는다는 뜻이었다. 그제야 '아하!'라고 무릎을 탁 쳤다. 나와 함께 강의를 듣는 다른 분들도 모두 이분에게 퍼스널 칼라에 대해서 이것저것 물어보느라 쉬는 시간이 갑자기 열띤 강의 시간으로 변했다. 자신에게 어울리는 색깔이 따로 있고 그게 중요하다는 걸 매체에서 들은 적이 있긴 하지만, 실제로 조언을 듣게 되니 참으로 신선하고 유익한 시간이었다.

사람은 모두 다르게 태어났다. 생긴 것, 성격, 소질까지 모든 게 달라서 항상 소중한 존재다. 하지만 어른이 되면서 어느 순간 모두 똑같은 컬러의 옷을 입는다. 대도시와 어른들 세계의 공통점은 바로 온통 회색이라는 것이다. 세상에 많고 많은 색깔 중에서 시멘트는 왜 하필 회색이어서 도시를 우울한 색으로 만드는지 모르겠다. 거기에다 자신의 생기 있던 옛날의 모습을 잃어버린 어른들도 이미 도시와 같은 색이 되어버렸다.

얼마 전에는 초등학생들에게 꿈이 뭐냐고 하면 "가수요" 혹은 "연기자요"라고 대답했다. 그때는 요새 아이들 꿈이 다 연예인이어서 큰일이라고 생각했다. 그런데 최근에 한 초등학교 3학년 아이의 꿈이 '공무원'이라고 했다 해서 깜짝 놀랐다. 그 아이의 장래희망이 정말로 공무원일 수도 있다. 하지만 공무원이라는 단어가 열 살짜리 아이에게 꿈이 될 정도로 익숙해질 만한 단어인가에 대해서는 아직도 의문이 남는다. 대체 훌륭한 대통령, 최고의 과학자, 달나라 가는 우주비행사를 말하던 '국민학생'은 다 어디 가고 이렇게 천편일률적으로 같은 꿈을 꾸게 된 것일까? 가끔은 누가 강요하거나 만들어낸 꿈들은 아닌지 의구심이 들기도 한다.

살면서 필요한 것은 학교보다 밖에서 더 많이 배운다는 사실을 우리는 자라면서 알게 된다. 학교 교육의 일차적인 목표는 똑같은 지식의 주입에 있다. 이 기준에서 보자면 교육은 일종의 세뇌라고 할 수 있다. 이 같은 교육으로는 아이들의 지식은 손쉽게 극대화할 수 있다. 그렇지만 한 번 주입된 것들이 쉽게 바뀌지 않아서 변화무쌍한 세상에 대처할 수 있는 지혜로 발휘되기에는 부족하다. 모두 같은 교육을 받고 자란 아이들이 같은 생각, 같은 색깔로 칠해지는 어른으로 자랄 수밖에 없다는 것은 자명한 일이기도 하다.

배움을 멈추지 않는 사람들은 기존에 받은 정형화된 교육에서 벗어나 보려고 책도 읽고, 좋다고 소문난 강의도 찾아 들으면서 다른 생각을 틔우기 위해 노력한다. 어른이 된 후에 교육을 받겠다는 의지나 책을 읽겠다는 결심과 노력은 순전히 자신의 선택에 따른 문제다. 절대로 바뀌지 않겠다고 결심하고 아무것도 하지 않는다면 새로운 생각을 받아들일 수 없다. 그러면 결국 자신의 색깔이 아니라 학교나 사회가 입힌 색깔 그대로 살게 되는 셈이다.

옛말에 '모난 돌이 정 맞는다'고 했다. 정 맞기 싫은 어른은 모나지 않으려고 자기를 감추기 위해 애쓴다. 자기를 표현해내기를 거부한다. 그래서 자신만의 독특한 취향이나 취미 같은 것을 드러내기는 더욱 힘들어진다. 바로 사회의 시선에 대한 두려움이 나만의 색깔을 발현하지 못하게 막는 요소로 작용하는 것이다. 그러면서도 아이들에게는 각자 타고난 재능이 있으니 계발하라고 걱정 섞인 목소리를 낸다. 그것도 기다릴 새 없이 얼른 찾아내라고 재촉하기도 한다. 아이들에게 하는 말과 달리 정작 개성을 말하는 어른들의 '개성'이라는 것은 어디에 있는지 찾아보기 쉽지 않은데도 말이다. 어른들 중에는 누군가 상식을 벗어난 행동을 하면 오히려 나서서 "쟤는 왜 저래?" 하고 색안경을 끼고 보면서 타인의 동조까지 구하는 사람들도 있다. 그리고 나이를 먹으면 먹을수록 더욱 조용하게 지내고, 자신을 다른 사람들의 색깔에 맞추려고 한다. 마치 카멜레온이 나무에서는 나무 색깔로, 땅에서는 땅 색깔로 변신하는 것처럼.

친한 언니가 아이를 낳아서 몇 달 후에 찾아간 적이 있다. 딸이라서 그런지 언니를 똑 닮았다.

"와, 언니랑 눈이 정말 똑같다."

"나 닮으면 안 되는데…."

나는 신기해서 한 말이었지만 언니는 별로 달갑게 생각하지 않았다. 사실 그 언니는 수술로 쌍꺼풀을 만들었다. 그러니 자신의 눈을 닮았다는 말은 쌍꺼풀이 없는 눈이라는 의미였던 것이다.

평소에 나는 언니의 눈이 웃을 때마다 초승달 모양처럼 만들어져서 귀여운 데다가 쌍꺼풀 없어도 큰 편이라 무척 부러웠다. 그래서 언니가 눈을 수술하겠다고 했을 때 크게 찬성해줄 수는 없었다. 그저 좋은 병원에서 잘 받으라고만 말했다. 언니 역시 자신의 눈 모양에 그렇게 큰 불만이 있었던 것은 아니다. 그런데도 이 시대 미의 기준에 편승해서 수술을 받았다.

요즈음에는 피겨선수 김연아나 브라운 아이드 걸스의 가인 덕분에 쌍꺼풀이 없어도 자연스럽게 화장으로 커버하려고 하거나 쌍꺼풀 없는 눈을 매력적이라고 생각하기도 한다. 하지만 여전히 쌍꺼풀 있는 눈이 훨씬 매력적이라고 여기는 사람이 많다는 이유로 수술을 택하는 걸 볼 때면 스펙뿐만 아니라 얼굴의 작은 생김새 하나까지도 똑같아지려고 하는 것 같아서 안타깝다.

직업을 선택할 때에도 모두 같은 곳만 바라본다. 우리나라에는 공식적으로 13,000여 가지의 직업이 있는데, 사람들은 익히 알고 있는 직업 약 20가지에만 몰려 있다. 그러다 보니 모두 똑같은 스펙을 준비해야 하고 같은 생각을 해야 한다. 또 그러다 보니 이 직업군의 경쟁은 나날이 치열해질 수밖에 없다. 마치 이 20여 가지의 직업을 위해서만 태어난 사람들 같다.

최근에 한 기사에서 대졸 출신 보험왕에 대한 스토리를 조명한 적이 있다. 한때 보험은 '아줌마'들이 주로 입담과 인맥으로 파는 것이라는 인식이 강했다. 그러나 최근에는 젊은 사람들이 뛰어들면서 인맥 위주의 장사라는 개념에서 탈피하여 전문직종으로 받아들여지고 있다. 전문성이 있다 보니 고객 입장에서는 최신 정보를 많이 얻게 되고, 더 활기찬 사람을 만나는 것 같아 기분도 좋다. 보험설계사 입장에서도 스펙에 맞춰 취업한 친구들보다 자신의 능력에 따라 영역이 더 넓어질 수 있는 일을 하다 보니 보람도 크고, 많은 사람을 만나며 새롭게 얻는 정보나 지식도 자연스레 많아진다. 사람은 역시 자신의 색깔을 드러낼 수 있는 곳에서 생활할 때 더욱

신이 나는 것이다.

《숲에게 길을 묻다》에서 김용규는 다음과 같이 선언한다.

나는 이제 나답게 살 것이다. 나답게 산다는 것은 어떤 삶인가? 그것은 돈이나 출세 때문에 비굴해짐이 없는, 자존과 자립으로 가득한 삶, 나의 편리를 도모하고자 타인의 이익을 빼앗지 않는, 죄짓지 않는 삶. 숨 막히는 도심에 갇힌, 자연에 대한 그리움을 마음 놓고 채울 수 있는 고삐 풀린 삶. 모색하고 싶으면 싶은 대로, 그만두고 싶으면 싶은 대로, 그렇게 가슴이 시키는 대로 창조의 자유를 벅차게 누리는 삶, 그리하여, 마침내 내 마음이 두어 뼘 더 자유롭고 평화로워지는 삶, 이 모든 것으로 조금 더 아름다운 세상을 이루는 데 기여할 수 있는 삶. 내가 나답게 산다는 것은 바로 이러한 삶이다. 내가 내 삶의 주인으로 살아가는 삶이다.

'나'는 다른 이들과는 전혀 다른 색깔을 타고난 사람이다. 외모에도, 생각에도 그리고 인생에도 그 고유의 멋진 빛깔이 바탕으로 깔려 있다. 세상이, 타인이 내게 덧입혀놓은 색만 발현하려고 노력할 것이 아니라, 진짜 나의 색이 무엇인지 찾아볼 때다.

09

당신은 무엇을
선택할 텐가

　〈한겨레신문〉 '정의길의 세계만사' 칼럼에 다음과 같은 제목의 기사가 실렸다. "'행복해지는 과학'은 있다, 일상 속에 얼마든지." 8년 전 외국 심리학자들이 연구한 행복감을 증진시키는 방법에 대한 기사였는데, 행복해지는 방법을 알고 싶어 하는 수많은 이들로부터 전화와 이메일 문의가 잇따랐다고 한다. 행복이라는 것에 관심이 높다는 말은 그만큼 행복하지 않다는 반증이기도 하다. 그때나 지금이나 행복은 여전히 중요한 화두다.

　그렇다면 어떻게 살아야 행복할 수 있을까? 기사에서 말하는 행복의 조건에는 ABC 세 가지 원칙이 있다.

　A원칙은 '활동하라(keep active)'이다. 노동이나 운동 등 육체활동이 감정 상태를 변화시키는 데 효과가 있기 때문이다.

B원칙은 '긍정적이어라(be optimistic)'이다. 긍정적이고 낙관적인 태도야말로 우울감을 극복하는 최선의 방법이자 행복의 추동력이다.

C원칙은 '자신의 삶을 통제하는 결정권을 가져라(decide to take control of your life)'이다. 생각하는 대로 살지 않으면, 사는 대로 생각하는 법이다. 자신의 삶을 적극적으로 통제하고, 통제하려는 사람들이 행복감을 더 느낀다는 데에는 의문의 여지가 없다.

중국에 있을 때 우연히 CCTV를 비롯하여 몇 군데 지역 방송에 출연한 적이 있다. 그중 CCTV에 출연했을 때 당황스러운 일이 있었다. 한류를 사랑하는 내 중국 친구들이 자기가 좋아하는 가수의 북경 공연에 대해서 상의하고 싶다고 해서 나와 함께 한국관광공사를 찾은 적이 있다. 그곳을 다녀오고 몇 주 후에 CCTV의 한 감독님한테 전화를 받았다. 내 번호는 한국관광공사 지사장님께서 알려주셨다고 했다. 의외의 전화를 받고 잠시 어리둥절해 있는데, 감독님이 장나라 주연의 〈我的野蛮女友 2(한국명: 오 해피데이)〉라는 영화를 봤느냐고 물었다. 봤다고 말씀드렸더니 그러면 한 10분 정도 카메라 앞에서 이 영화가 얼마나 재미있었는지 말해주면 좋겠다고 했다. 10분 녹화면 TV에는 한 2분 정도 나오는 비교적 간단한 녹화라고 생각하고 승낙했다.

그런데 참여 당일 녹화장에 가보니 분위기가 심상치 않았다. 대기실에는 TV에서 많이 본 유명한 MC 한 분이 있었는데, 감독님이 그분을 내게 소개해주었다. 그리고는 대본 한 부를 내밀었다. 10분간 영화 줄거리 이야기하고 내 소감을 말하는데 왜 몇 장이나 되는 대본이 필요한지 의아했다. 잠시 뒤에 한 분이 또 오셨는데, 역시 낯이 익었다. 알고 보니 한·중 합작 드라마에서 주인공을 맡은 분이었다. 나는 이분과도 인사를 나눴다. 오늘 녹화는 이 두 분과 나, 이렇게 세 사람이 그 영화를 주제로 한국과 중국 남녀의 시각차에 대해 토론하는 자리였다!

녹화 형식에 대해 제대로 말해주지 않은 감독님이 갑자기 원망스러워졌다. 분위기상 10분의 짧은 녹화가 아니었다. 평소에 중국어 잘한다는 말은 많이 들었지만, 녹화에서 내게 쏟아질 질문들을 내 중국어 실력으로 대응할 수 있을지 의문이 들었다. 그래서 하지 않겠다고 말씀드리려 했다. 감독님은 이미 녹화장은 세팅이 다 끝났고 편집을 예술적으로 잘해줄 테니 걱정하지 말라고 하시며, 내가 무언가 먼저 말을 꺼내기 전에 나를 안심시키려고 애쓰셨다. 갈팡질팡하고 있을 때 문득 《달라이 라마의 행복론》에 나오는 한 구절이 생각났다.

> 시각을 바꾸는 능력, 곧 자신의 문제를 다른 시각으로 바라보는 능력은 마음의 유연성에서 나온다. 마음의 유연성은 궁극적으로 우리로 하여금 삶의 모든 것을 끌어안을 수 있게 해준다.

나는 속으로 '마음의 유연성을 갖자'고 여러 번 되뇐 후에 크게 숨을 내쉬었다. 그리고 생각을 정리하며 지금 내게 필요한 것은 중국

하루 10분, 하루 한 뼘

어를 중국인처럼 구사하지 못할까 봐 걱정하는 것이 아니라, 더 재미있게 녹화에 뛰어드는 것이라고 자기암시를 시작했다.

'어차피 이 자리에서 나는 유일한 외국인이니까 중국어 좀 틀려도 괜찮은 거잖아. 그리고 너무 못하면 출연할 수 있었겠어? 외국 TV에 나오는 흔치 않은 경험이고 큰 추억거리야.'

녹화에 들어가자 주먹 쥔 내 손에 땀이 나긴 했지만 마지막까지 잘 마칠 수 있었다. 감독님께서는 소정의 출연료를 지급해주고 나를 다시 불러도 되는지 물어보셔서 긍정적인 답을 하고 방송국을 나왔다.

감독님께서 약속대로 편집을 잘 해주신 모양이었다. 방송이 나간 후 친하지 않은 한국 유학생들에게도 중국어를 그렇게 잘하는지 몰랐다는 칭찬까지 들었다. 기쁘고 행복했다. 만약 그때 내가 녹화에 대해 제대로 설명해주지 않았던 감독님만 원망하며 상황에 적극적으로 뛰어들 생각을 하지 못했다면 분명히 녹화를 포기했을 것이다. 모든 준비를 마친 녹화장도 갑자기 혼란스러워졌을 것이다. 무엇보다 녹화하기로 해놓고 갑자기 못 하겠다고 하는 내가 가장 이상한 사람이 됐을지도 모른다. 그런데 이 모든 일이 순조롭게 지나갔다. 며칠 전 읽은 책이 갑작스러운 선택의 기로에서 확실한 나침반이 되어준 덕분이었다.

가끔 어떤 일은 생각과는 전혀 다른 방향으로 흘러가기도 한다. 그 흐름은 때때로 그 상황을 받아들이는 자신의 태도에 좌우된다.

어떤 일에 대해 자신이 할 수 있는 최대한의 긍정적 의미를 부여하고 주동적으로 통제권을 찾겠다고 하면, 그 일을 대하는 태도에 큰 도움을 받을 수 있다. 바로 긍정적 마음이 통제권을 갖게 하는 열쇠가 되어주기 때문이다. 행복도 마찬가지다. 자신이 어떤 상황에 처해 있든 어떻게 의미를 두느냐에 따라 달라질 수 있는, '선택 가능한' 것이다.

'내 환경이 이 모양이라서 나까지 이렇게 되고 말았다'라는 푸념을 심심치 않게 들을 수 있다. 이들은 자신이 행복하지 않은 모든 이유를 자신에게는 선택권이 주어지지 않는 외부 환경에서 찾는다. 바뀌어야 할 외부 세계가 바뀌지 않으니 본인은 즐겁지도 행복하지도 않다. 하지만 행복은 자신의 내부에서 먼저 찾아야 선택의 여지가 생긴다.

박웅현은 《책은 도끼다》에서 행복에 대해 다음과 같이 말한다.

> "다 가졌다고 행복할까요? 우리는 행불행을 조건이라고 착각하고 살고 있지만, 그것은 어디까지나 자세의 문제라는 생각입니다. 행복은 조건이 아니라 선택입니다. '난 행복을 선택하겠어.' 하면 됩니다. 행복은 운명이 아니니까요. 삶을 대하는 자세가 만들어내는 것이지 어떤 조건이 만들어 줄 수는 없는 것이죠."

행복은 큰 아픔을 겪고 있는 어떤 사람이 급하게 '나는 행복하겠다고 선언한다'고 해서 갑자기 찾아오는 것이 아니다. 그럼에도 수

많은 책에서 행복은 선택이라고 한다. 그것은 행복을 선택한 사람만이 행복해지기 위해 노력하기 때문이다. 비록 어려운 처지에 있다고 하더라도 세상을 좀더 따뜻한 시선으로 바라보려 하고, 타인을 이해하기 위해 노력하는 사람들이 바로 이런 사람들이다. 그들은 아무리 힘들어도 오늘 할 수 있는 최선을 다하며 내일을 생각한다. 그래서 행복한 길로 들어서겠다는 선택과 함께 그 길을 가겠다는 노력이야말로 오늘 행복할 수 있는 조건이 되는 것이다.

행복을 선택한 사람은 행복할 '의무'도 함께 지게 된다. 자신의 행복을 위한 노력을 게을리하지 않겠다는 마음가짐, 사람으로서 태어나 행복을 누리고 살겠다는 선택을 저버리지 않겠다는 의무가 그것이다. 그 의무에 대한 책임을 기꺼이 다할 것을 선택했을 때 행복은 한 발 더 다가오기 마련이다.

오늘 전혀 행복하지 않은가? 누구와 함께 있어도 즐겁지 않은 하루를 보내고 있는가? 그렇다면 내가 생각하는 행복이 무엇인지를 먼저 마음속에 그리고 채색한 후, 나를 행복하게 할 의무가 내게 있음을 떠올리며, 지금 당장 먼저 행복을 선택해보자. 그리고 그 선택을 위한 마음과 행동지침도 세워보자. 행복이 그리 멀지 않은 곳에 있음을 알게 될 것이다.